LAWTECHS

E O CONSUMIDOR

Antônio José Maristrello Porto
Paulo Fernando de Mello Franco
Rafaela Magalhães Nogueira de Carvalho

LAWTECHS

E O CONSUMIDOR

FGV | DIREITO RIO
EDITORA

Direitos desta edição reservados à
FGV EDITORA
Rua Jornalista Orlando Dantas, 9
22231-010 | Rio de Janeiro, RJ | Brasil
Tels.: 0800-021-7777 | 21-3799-4427
Fax: 21-3799-4430
editora@fgv.br | pedidoseditora@fgv.br
www.fgv.br/editora

Impresso no Brasil | *Printed in Brazil*

1ª edição: 2021

Copidesque: Sandra Frank
Editoração eletrônica: Abreu's System
Revisão: Aline Duque Erthal | Fatima Caroni
Capa: Estúdio 513

Dados internacionais de Catalogação na Publicação (CIP)
Ficha catalográfica elaborada pelo Sistema de Bibliotecas/FGV

Porto, Antônio José Maristrello
Lawtechs e o consumidor / Antônio José Maristrello Porto, Paulo Fernando de Mello Franco, Rafaela Magalhães Nogueira de Carvalho. – Rio de Janeiro : FGV Editora, 2021.
144 p.

Inclui bibliografia.
ISBN: 978-65-5652-053-7

1. Defesa do consumidor. 2. Consumidores. 3. Resolução de disputas (Direito). 4. Plataforma aberta da Web. 5. Direito – Inovações tecnológicas. I. Franco, Paulo Fernando de Mello. II. Carvalho, Rafaela Magalhães Nogueira de. III. Fundação Getulio Vargas. IV. Título.

CDD – 342.5

Elaborada por Amanda Maria Medeiros López Ares – CRB-7/1652

Sumário

Siglas

ADR	*Alternative dispute resolution*
AED	Análise econômica do direito
AI	*Artificial intelligence*
AML	*Anti-money laundering*
B2B	*Business-to-business*
B2C	*Business-to-consumer*
CNJ	Conselho Nacional de Justiça
CPDE	Centro de Pesquisa em Direito e Economia
DOS	*Disk Operation System*
ERP	*Enterprise resource planning*
FGV	Fundação Getulio Vargas
IA	Inteligência artificial
IBGE	Instituto Brasileiro de Geografia e Estatística
IBM	International Business Machine
JEC	Juizado Especial Cível
KYC	*Know your customer*
LAN	*Local area networks*
ML	*Machine learning*
NLP	*Natural language processing*
ODR	*Online dispute resolution*
PC	Computador pessoal
Procon	Programa de Proteção e Defesa do Consumidor

RPA	Automação robótica de processos
Senacon	Secretaria Nacional do Consumidor do Ministério da Justiça
TJ	Tribunal de Justiça
TJES	Tribunal de Justiça do Estado do Espírito Santo
TJRJ	Tribunal de Justiça do Estado do Rio de Janeiro
TJSP	Tribunal de Justiça do Estado de São Paulo
TRT	Tribunal Regional do Trabalho
WWW	*World wide web*

Prefácio

*Luciano Benetti Timm**

A estabilização política e monetária dos últimos 30 anos foi responsável por promover uma intensificação nas relações de consumo, o que ocasionou, adicionado a outros fatores – tais como o excesso de faculdades de direito e excesso de gastos orçamentários com o Poder Judiciário quando comparado a outras rubricas como saneamento e educação básica –, também um aumento dos litígios consumeristas.

Tendo em vista o alto grau de judicialização no Brasil, faz-se necessário encontrar novas formas de diminuir o número de ações que ingressam no Judiciário, sem com isso "precarizar" o acesso dos consumidores à Justiça, fazendo uso da tecnologia como aliada nesse movimento. Assim, este livro expõe um panorama de como as plataformas digitais de soluções de disputas (ODR) podem promover a desjudicialização, tratando, com ênfase, do caso da Justiça brasileira e da plataforma digital governamental "consumidor.gov.br".

No contexto da indústria 4.0, as empresas mais valiosas do mundo são aquelas que atuam com tecnologia, o que demonstra uma clara mudança de tendência do mercado, agora ainda mais sensível às inovações tecnológicas (ditas "disruptivas"). Exemplo

---

* Professor doutor da Fundação Getulio Vargas (FGV-SP) e da Universidade do Vale do Rio dos Sinos (Unisinos-RS). Secretário nacional do Consumidor do Ministério da Justiça. Foi, por duas vezes, presidente da Associação Brasileira de Direito e Economia (ABDE).

disso é que a maior empresa de transporte de passageiros (Uber) não possui carros, as mídias digitais mais utilizadas (Facebook e Twitter) não criam conteúdo, a empresa varejista mais valiosa do mundo (Alibaba) não tem estoque e um dos grandes provedores de acomodações do mundo (Airbnb) não possui propriedades. Nesse cenário de concorrência mais acirrada, criam-se incentivos para que empresas busquem resolver litígios dentro de plataformas digitais próprias de solução de disputas (sendo a da eBay a mais conhecida).

Essa nova realidade promove a globalização da informação e a potencialização de formas diversas de consumo (sobretudo por meios digitais), devendo o Estado acompanhar essa evolução tecnológica a fim de garantir o bom funcionamento do mercado e a segurança e transparência nas relações consumeristas.

Tendo em vista o alto grau de judicialização em que o Brasil se encontra e o alto custo de manutenção do sistema judiciário nacional, conforme dados do Conselho Nacional de Justiça (CNJ), é primordial que se busquem novos modelos que promovam a desjudicialização e métodos alternativos de resolução de conflitos,[1] priorizando o uso de ferramentas digitais.

Por tudo isso, afigura-se essencial o presente livro, escrito pela professora e pesquisadora Rafaela Nogueira, da Escola de Direito da Fundação Getulio Vargas (FGV), ilha de estudos multidisciplinares no deserto da discussão ainda excessivamente dogmática e conceitualista que permeia o debate acadêmico-jurídico em diversas tradicionais faculdades do país. Rafaela notabilizou-se como uma das maiores especialistas em pesquisas empíricas sobre soluções de disputa *online* (ODR).

---

[1] Conforme explica Marcelo Cabral (2012:35): "Meios alternativos de resolução de conflitos – MARC – é a denominação mais utilizada no tratamento dos mecanismos que permitem a obtenção da resolução de um conflito à margem da via jurisdicional, expressão que decorre da tradução do termo mais recorrente na doutrina internacional para seu tratamento: ADR – Alternative Dispute Resolution".

Somando na construção deste livro, temos também o professor Paulo Fernando de Mello Franco, que é advogado e pesquisador do Centro de Pesquisa em Direito e Economia (CPDE) da FGV Direito Rio, além de ministrar as disciplinas de direito civil e análise econômica do direito no curso de graduação em direito da FGV. Paulo se mostra um estudioso da área, concluindo seu doutorado sobre análise econômica do direito ao esquecimento pela Universidade Federal Fluminense (UFF), na busca por compreender como se podem estabelecer análises econômicas no direito.

Ademais, esta obra conta com a colaboração do professor Antônio José Maristrello Porto, professor e vice-diretor da FGV Direito Rio. Sua figura é fundamental nesse campo, tendo em vista sua fortíssima atuação na construção e fundação da Associação Brasileira de Direito e Economia (ABDE) e sua digníssima atuação como professor da área. O diálogo entre uma economista altamente especializada na plataforma e dois professores atuantes na área de *law and economics* usando esse ferramental para entender as formas mais eficientes e adequadas para soluções de disputas é um casamento academicamente perfeito.

Tentar resolver os dilemas do processo civil sem mensuração, sem estatística e sem fazer conta, apenas com a utilização de dogmas processuais como "devido processo legal", é uma tarefa árida e de pouco resultado, como sugeriu Erik Navarro Wolkart (2019) em sua recente obra sobre teoria processual.

Por isso, recomendo fortemente a leitura desta fundamental obra para compreender os desafios atuais da solução de disputas por meios digitais.

Apresentação

*Bruno Miragem**

As notórias e expressivas transformações que as novas tecnologias da informação impõem ao direito repercutem sobre os mais diferentes quadrantes do sistema jurídico nacional. Do direito material ao processual, busca-se a tradução dos juristas aos legítimos reclamos de maior utilidade, agilidade e eficiência, tanto na definição das soluções legislativas quanto na resolução de conflitos. Diversas disciplinas jurídicas tradicionais são profundamente impactadas com o que escolhi denominar *novo paradigma tecnológico*, respondendo com diferentes velocidades a esses desafios.

No caso do direito do consumidor, um conhecido paradoxo formou-se a partir da experiência brasileira. O relativo êxito na interpretação e aplicação especialmente das normas do Código de Defesa do Consumidor (CDC) pelos tribunais é confrontado com um significativo aumento do número de demandas judiciais. Isso faz com que o tempo de resposta pelo Poder Judiciário seja demasiadamente longo, a ponto de permitir rememorar conhecida expressão de Rui Barbosa, na sua *Oração aos moços*, de que "justiça atrasada não é justiça, senão injustiça qualificada e manifesta". Da mesma

* Professor da Faculdade de Direito da Universidade Federal do Rio Grande do Sul (UFRGS) nos cursos de graduação e no Programa de Pós-Graduação em Direito. Advogado e parecerista.

forma, é reconhecido o efeito da quantidade de demandas sobre a qualidade das decisões, em especial aquelas massificadas, em que o melhor conhecimento dos fatos cede, muitas vezes, a exigências, exatamente, da limitação do tempo de tramitação dos processos.

São várias as causas que se entrelaçam para resultar em uma consequência perceptível, que é a crise de efetividade do direito do consumidor brasileiro. Há uma constatação comum a todos os estudiosos: uma legislação tecnicamente avançada não se faz efetiva na tutela do interesse dos consumidores e na promoção de maior eficiência do mercado, em parte pelo excesso de conflitos. As causas deste excesso já merecerão explicações diversas. Alguns, como eu, as atribuem, em boa parte, à reduzida expectativa de sanção por parte de fornecedores que contam com essa sua ineficiência como uma vantagem comparativa e anticompetitiva em relação a concorrentes que se disponham a cumprir a lei. Outros identificam incentivos ao litígio pela perspectiva de ganhos pelo consumidor, mas, o que me parece mais correto, também pelo reduzido número de lesados que efetivamente reclamam eventuais agravos, tornando vantajosa a lesão ao direito.

Daí o interesse crescente entre os vários agentes econômicos no mercado de consumo, e também – ainda que em menor grau – na academia, pelo estudo das possibilidades que as novas tecnologias da informação oferecem para aquilo que são princípios da Política Nacional das Relações de Consumo: a "harmonização dos interesses dos participantes das relações de consumo e compatibilização da proteção do consumidor com a necessidade de desenvolvimento econômico e tecnológico, de modo a viabilizar os princípios nos quais se funda a ordem econômica (art. 170 da Constituição Federal de 1988), sempre com base na boa-fé e equilíbrio nas relações entre consumidores e fornecedores" (art. 4º, III, do CDC); e o "incentivo à criação pelos fornecedores de meios eficientes de controle de qualidade e segurança de produtos e serviços, assim como de mecanismos alternativos de solução de conflitos de consumo" (art. 4º, V, do CDC).

Está dado o contexto da inquietação que move os professores Antônio José Maristrello Porto, Rafaela Magalhães Nogueira de Carvalho e Paulo Fernando de Mello Franco a desenvolver, na reputada Fundação Getulio Vargas, seus estudos sobre as denominadas *lawtechs* como alternativas para a solução e desjudicialização dos conflitos de consumo no Brasil. Com apoio da análise econômica do direito – verdadeiramente uma escola de interpretação do direito mediante aplicação de conceitos da teoria econômica –, buscam identificar, nas possibilidades trazidas pelas novas tecnologias, meios de desjudicialização, prevenindo e mitigando falhas originais dos fornecedores, a partir do aperfeiçoamento dos meios de resolução de conflitos. A análise econômica do direito, aliás, está em ascensão no Brasil. Bem calibrada no caminho seguro entre o entusiasmo autossuficiente e a detratação por preconceito, tem inequívoca utilidade para o estudo e explicação do direito, do que esta obra é bom exemplo. Não elimina o contraditório; qualifica o debate.

Nesse sentido, o objetivo fixado pelos autores é o de "trabalhar na redução de quantitativos de processos e custos dessa alta judicialização, ou seja, trabalhar com maneiras de otimizar e evitar desperdícios de recursos pelo Estado [...]. Ainda temos bastante necessidade de métodos e incentivos jurídicos e econômicos para que ocorra uma redução do que chamaremos de custos de transação". Há vários modos de fazê-lo, inclusive com o desestímulo à própria violação dos deveres legais por fornecedores que, nessa posição, assumem vantagem indevida em relação aos que se dedicam a cumprir a lei – aí também um ponto de encontro entre o direito do consumidor e o direito concorrencial. O aperfeiçoamento dos meios de solução de controvérsias e, em especial, o incentivo a meios alternativos ao tradicional recurso ao Poder Judiciário são um dos modos cogitados, hoje favorecidos pelo desenvolvimento de novas tecnologias.

Em todo o mundo, os meios alternativos de resolução de disputas (ADRs, *alternative dispute resolutions*) e, entre eles, os meios de resolução de disputas *online* (ODRs, *online dispute resolutions*) apoiam sua legitimidade na reputação que angariam como um modo eficiente, transparente e justo de solução dos conflitos resultantes de falhas dos fornecedores. Têm uma inegável vocação para solução de conflitos que resultem do comércio eletrônico de consumo, em que o valor da transação, a distância física das partes (inclusive, por vezes, sob jurisdições diversas) e a pretensão de agilidade e eficiência de uma resposta útil ao consumidor contribuem para sua adoção. Mas é evidente que não apenas nesses casos mostram ter utilidade, podendo responder satisfatoriamente a uma solução mais rápida e menos custosa também no caso de conflitos que decorram das relações de consumo tradicionais.

Dois aspectos merecem atenção. Como meios alternativos, não devem ser impostos, mas cativar pela eficiência. Os exemplos que são objeto de exame nesta obra bem o demonstram. Nesse sentido, é equivocada a visão dos que pretendem exigir o recurso a esses meios como estágio anterior à eventual proposição de ação judicial. Sem meias palavras, é restrição ilegal e inconstitucional. Porém, há um caminho natural, frente ao novo paradigma tecnológico do mercado, que é o da adesão espontânea, ou movida por incentivos comportamentais a essas novas soluções, em vista de suas próprias virtudes. E, nesse particular, a obra dos professores Porto, Nogueira de Carvalho e Mello Franco é de grande utilidade. Em primeiro lugar, por seu estilo objetivo e, ao mesmo tempo, abrangente, dando conta dos conceitos formados a partir das novas tecnologias da informação e que avançam sobre o direito. Identificam desafios de acesso a essas tecnologias de ODRs; predizem e redizem os estágios e as dificuldades para sua implementação – em especial, considerando consumidores sem contato ou familiaridade com a internet, caso recorrente entre idosos, por exemplo. Os benefícios identificados, da mesma forma, são evidenciados na redução de custos pelo Estado, ao se evitar a necessidade de mover toda a máquina do Poder Judiciário para decidir os conflitos, assim como do custo de oportunidade para o consumidor e a maior agilidade na solução do litígio. E há lugar para provocações inquietantes, como aquelas em que, comparando o efeito das *lawtechs* sobre a atividade dos profissionais do direito ao das aplicações de transporte em relação aos serviços de táxi, disparam, estimulando o bom debate: "Seriam os advogados os novos taxistas?".

A pergunta é válida, mas há distinções importantes, que o espaço concedido a uma apresentação não permite desenvolver à exaustão. A especialidade técnica da advocacia tem um lugar preservado e ainda não substituído pela tecnologia, sobretudo quanto às virtudes da estratégia e à leitura da realidade para sua tradução para o mundo do direito. É evidente, contudo, que toda a atividade com ênfase na simples reprodução documental ou de argumentos, como ocorre muito na advocacia associada a demandas massificadas, terá seu espaço profundamente afetado. Inclusive por força de meios alternativos de resolução de disputas, em limites que permitam a atuação direta do consumidor interessado, sem a participação do advogado ou do juiz.

Outro efeito identificado pelos autores merece destaque. Referem que "como a relação de consumo envolve em larga medida a confiança do consumidor, o período em que a controvérsia está a ser discutida em juízo pode contribuir para desestimular as relações futuras entre consumidor e fornecedor. Os métodos de autocomposição são indicados precisamente para mitigar esse efeito, garantindo-se a continuidade das relações". Eis um efeito virtuoso dos meios de resolução de disputas *online*: uma vez que falhas são inerentes ao fornecimento de produtos e serviços em escala, a recomposição da confiança do consumidor em relação à conduta do fornecedor pode se estabelecer pela eficiência da resposta e solução do problema.

A principal falha desses sistemas reside na falta de coercibilidade jurídica para fazer valer a decisão. Nesse aspecto, conforme já mencionei, será a reputação da própria ODR e do fornecedor que dela lance mão o principal meio para constrangê-lo a ser eficaz. Nesse particular, é também intuitivo que a transparência quanto aos critérios para determinar que certa solução da controvérsia foi exitosa é decisiva. Em especial, deve-se ter em conta que não pode ser considerada exitosa a solução pelo simples fato de o consumidor que recorrer à ODR não retornar a fazê-lo, uma vez que aquilo que se lê como êxito, ao contrário, pode revelar decepção ou descrença com a ausência de uma solução eficaz. Esses cuidados não passam despercebidos no texto, cuja conclusão não deixa de apontar os obstáculos e desafios à expansão das ODRs no Brasil, entre os quais refere certa cultura de estímulo ao litígio, bem como aqueles relacionados à confiabilidade, à transparência, à infraestrutura de tecnologia e à ausência de outros incentivos.

Por tudo isso é obra que merece leitura e releitura. Não é trabalho para se concordar em tudo, pois a isso não servem os estudos acadêmicos, mas para promover a reflexão e o debate qualificado sobre este tema candente. Ao decifrar o estágio atual das *lawtechs* e sua utilidade, não se furta a identificar dificuldades e apontar caminhos, como é próprio da boa pesquisa. Não seria de esperar algo diferente, levando em conta a formação e *expertise* acadêmica dos autores e a instituição a que se vinculam – a Escola de Direito da Fundação Getulio Vargas –, cuja qualidade da pesquisa jurídica de ponta é amplamente reconhecida e vem rendendo grandes frutos ao Brasil.

Introdução

Demandar, discutir, guerrear, combater, disputar, lutar, enfim, brigar são apenas alguns dos inúmeros sinônimos disponíveis no campo léxico da língua portuguesa para a palavra litigar. Em direito, a lide tem especial importância, tendo em vista que é ela que, em geral, justifica a existência de um processo. Sem que haja uma pretensão resistida (que é a lide propriamente dita), não há como (salvo nos procedimentos de jurisdição voluntária) deflagrar o exercício regular do direito de ação. Na perspectiva da economia, cada uma dessas lides representa um custo, tanto privado quanto social. Isso se torna um gravíssimo problema quando, ao fotografar o cenário do Judiciário brasileiro, constatamos que o número de lides é alto e que nem sempre elas têm em comum o requisito de resistência da pretensão alheia, visto que, por animosidade, indisposição ou falta de oportunidade, as partes sequer se dispuseram a conversar antes de litigar.

Como se costuma dizer, *quando um não quer, dois não brigam*, mas quando um (o consumidor), embora não queira brigar, vê que o outro (o fornecedor) pouco ou nada se importa com seus reclames, litigar é a solução, restando para tanto, então, buscar o Judiciário.

A cultura jurídica brasileira é reflexo de um pragmatismo litigante que vem se perpetuando ao longo dos anos. Com a descrença nas soluções não beligerantes, impulsiona-se o fenômeno da judicialização que assola (e, como demonstraremos ao longo do livro, "assolar" é o verbo adequado para descrever a situação atual) os tribunais brasileiros.

As demandas judiciais em larga escala (ou o demandismo exagerado) deixam os tribunais cada vez mais engessados (e incapazes de atender, com percuciência, a todas as questões que lhes são levadas), e os juízes, cada vez mais sobrecarregados, têm de optar entre cumprir metas e se debruçar com a profundidade de que certamente gostariam sobre os processos que lhes são distribuídos. A litigância desmesurada, que parece ser um problema crônico – e detectável na forma como a prestação jurisdicional se dá –, se torna ainda mais delicada quando nos dedicamos a estudar o cenário das questões consumeristas (isto é, aquelas decorrentes das relações de consumo), as quais se destacam, em termos quantitativos, no retrato do contencioso de massa contemporâneo.

É por esse motivo que escolhemos tratar da litigância exagerada em matéria de direito do consumidor. É nessa seara que percebemos que a grandeza do problema é diretamente proporcional ao potencial das soluções (de índole tecnológica, como detalharemos a seguir) que nortearão as pesquisas promovidas neste livro, o qual, vale destacar, é fruto de um projeto de pesquisa coordenado pelos autores desta obra, apresentado no âmbito do Centro de Pesquisa em Direito e Economia (CPDE) da Escola de Direito da Fundação Getulio Vargas (FGV Direito Rio), com apoio da Rede de Pesquisa e Conhecimento Aplicado (RPCAP)[1] FGV.

Nossa preocupação com o demandismo das relações de consumo se justifica porque o exagero de processos judiciais consumeristas implica custos não somente para os litigantes envolvidos no processo (privados), mas também custos sociais, os quais têm a ver com o quanto dessa litigância em excesso atinge o próprio Poder Judiciário e, em última análise, a sociedade como um todo. Nossa proposta

---

[1] Disponível em: <https://portal.fgv.br/rede-pesquisa-e-conhecimento-aplicado>. Acesso em: 15 out. 2019.

é pensar um meio de tornar equânimes as relações de poder que estão em jogo, a fim de otimizar o exercício do direito de ação (que deve ser garantido pelo Estado) e o exercício do poder econômico dos fornecedores, que, quando abusivo, precisa ser coibido. A ideia é estabelecer um diálogo entre a liberdade econômica que deve orientar as relações de consumo e a regulação estatal pela via de um dirigismo contratual que, por vezes, se mostra indevida e, por outras, absolutamente necessária.

Com o advento da Constituição de 1988, o acesso à Justiça se tornou facilitado ou mesmo estimulado. Deu-se, com isso, o que chamamos aqui de novas dinâmicas de acesso à Justiça, fazendo com que as reclamações na Justiça pudessem ser realizadas de maneira mais fácil (mas não necessariamente mais ágil). Contudo, esse fenômeno não foi, a nosso sentir, capaz de angariar uma plena eficiência a esse acesso à Justiça. Proporcionou-se, sim, um maior acesso ao Judiciário, mas, em troca, comprometeram-se as estruturas do próprio Judiciário. O maior acesso à Justiça pode ter-se tornado, em paráfrase a Hobbes, seu próprio lobo. E, infelizmente, quem no final do dia acaba prejudicado com esses "benefícios" são os supostos "beneficiários" – além do fato de que, quanto mais demandas, menos tempo os juízes e os tribunais têm para analisar e estudar os processos pendentes de julgamento.

Uma análise, ainda que anedótica, das demandas consumeristas nos permite especular que, em muitos desses casos de judicialização das relações de consumo, os ônus desses processos superam os bônus esperados pelas partes que pleiteiam algo em juízo. Perdem-se, no Judiciário, muito tempo, paciência, dinheiro e, principalmente, a oportunidade de que, dos conflitos entre consumidores e fornecedores, surjam soluções provavelmente mais eficientes do que a que usualmente os tribunais têm oferecido. É em razão disso que, a nosso ver, se torna imprescindível instaurar uma discussão sobre os altos custos (privados e sociais) decorrentes de nossa estrutura jurídica litigiosa.

O dilema que orienta os debates deste livro relaciona-se com a complexidade dos problemas que são encarados pelos juristas da atualidade. Nessa perspectiva, alguns questionamentos devem ser levantados, destacando-se a questão de como lidar com o abarrotamento do sistema judicial brasileiro sem com isso aumentar os gastos públicos e privados, de forma a não restringir o acesso à Justiça pelo cidadão. Encontrar uma possível saída para esses problemas suscita uma abordagem que trabalhe essas questões levantadas correlacionando-as com o direito e com a economia, com a Justiça e com a eficiência.

Por esse motivo, as ideias que serão expostas nesta obra partem da análise econômica do direito (AED) – do inglês *economic analysis of law* ou *law & economics* –, percurso necessário se o que se quer é buscar novas óticas para compreender, de modo também econômico, os fenômenos que ocorrem no âmbito do direito. É possível e socialmente desejável a existência de uma correlação harmônica entre as dimensões de Justiça e de eficiência.

Dessa forma, este livro se propõe a desenvolver não meros questionamentos teóricos e abstratos, mas reflexões acerca das condições culturais subjacentes às questões jurídicas que estão preestabelecidas em nossa sociedade e pensar como superar, na prática, tais barreiras. Tendo isso em vista, a obra procurará desenvolver soluções, conectando as maneiras pelas quais uma pesquisa aplicada pode ajudar a compreender e a lidar com as situações em que se deve conferir justiça às demandas apresentadas ao Judiciário, sem, contudo, prejudicar as demais pessoas e, com isso, amesquinhar-se o prisma da eficiência.

Reconhecemos a importância das garantias ou direitos fundamentais e não desprezamos que a proposta de novos meios de solução alternativa de conflitos pode ofuscar o protagonismo da acessibilidade ao Poder Judiciário, mas este é justamente o nosso ponto. O que a Constituição garante é o acesso à justiça, e não ao Poder Judiciário. O acesso à justiça (agora com inicial minúscula, deixando de ser sinônimo de jurisdição) pode acontecer mesmo fora dos tribunais, muito embora pareça que o senso comum tenha certa dificuldade em perceber isso.

Desejamos, portanto, contrapor o acesso à Justiça ao uso exacerbado (e por vezes predatório) do sistema judiciário. Para a resolução de tal problema faz-se necessária uma mudança nas estruturas litigantes que circundam o direito.

A Constituição de 1988 prevê uma norma jurídica de princípio institutivo, que serviu de inspiração para a criação do que usualmente se chama de um modelo de Justiça conflitiva. Sabemos, no entanto, que, na atualidade, esse modelo não tem plena eficácia, tendo em vista o ritmo acelerado das disputas (*i.e.*, da velocidade com que se ingressa em juízo, mas não da velocidade de seus julgamentos), principalmente no que tange a casos que abordem pontos econômicos que são muitas vezes ignorados.

Nossa grande pauta é trabalhar na redução de quantitativos de processos e custos dessa alta judicialização, ou seja, trabalhar com maneiras de otimizar e evitar desperdícios de recursos pelo Estado e particulares, sem que isso necessariamente importe prejuízo para os consumidores ou cerceamento dos meios de discussão judicial ou extrajudicial de controvérsias. Ainda temos bastante necessidade de métodos e incentivos jurídicos e econômicos para que ocorra uma redução do que chamaremos de custos de transação, os quais, quando altos, impedem ou dificultam a barganha (ou negociação privada). Uma das funções do direito é efetivamente esta: a de propiciar que negociações eficientes aconteçam, e nossa intuição é a de que uma das formas de reduzir esses custos de transação é o estímulo aos chamados meios alternativos de resolução de controvérsias, cujo estudo guiará este texto.

Nesse sentido, os sistemas alternativos de resolução de disputas entram em pauta de forma a reduzir os problemas enfrentados pelo Poder Judiciário, assim como aperfeiçoar o próprio Judiciário e o acesso à Justiça. A partir disso é que surge o nosso principal tópico de trabalho, que é o estudo das *lawtechs*, e, posteriormente, das *online dispute resolutions* (ODRs).

Em primeiro lugar, é importante compreender que as *lawtechs*, ou *legaltechs*, surgem num momento de revolução tecnológica, em que as barreiras físicas não funcionam como impedimento à circulação de informações comerciais e jurídicas, o que, em contrapartida, acaba gerando uma enxurrada de conflitos decorrente dessa intensificação das relações sociais e econômicas. Com as novas tecnologias, temos uma sociedade altamente conectada e interligada, cada vez mais próxima e também com maior acessibilidade e conhecimento. Tudo ficou mais fácil, e essa facilidade tem suas vantagens e suas desvantagens.

As tecnologias – e sobretudo as tecnologias da informação – são um fator de transformação das relações jurídicas da contemporaneidade. Os aportes das tecnologias da informação, nesse sentido, têm se mostrado essenciais para o começo de um movimento de desjudicialização (Franco, 2019) e de consenso. Por meio das tecnologias da informação, é possível realizar desde consultas em tribunais a propostas de acordo, a fim de que consumidores e fornecedores sequer precisem chegar àqueles. As tecnologias da informação facilitam o comércio *online* de produtos e, com o enfoque que propomos neste livro, oferecem maior aproximação entre fornecedor e consumidor, o que simplifica (ou lubrifica) a questão dos custos de transação e propicia acordos privados.

Elucidando-se o último ponto em relação ao mercado *online*, é sabido que o avanço da internet e de suas ferramentas gerou um aumento nas disputas no âmbito virtual. Esse é o paradoxo da tecnologia e da facilitação das relações privadas. O espaço da internet é ambiente de disputas de interesse e de conflitos, principalmente no que tange às relações consumeristas. É por esse motivo que as tecnologias têm potencial de resolução de conflitos. Digamos que a tecnologia tem este encargo: o de auxiliar na resolução de problemas para cuja existência ela mesma contribuiu.

Abrimos esse debate para que possamos compreender como o avanço dessas tecnologias tem-se mostrado fundamental na criação de aportes para resolução de conflitos advindos do comércio *online* e de demais questões de consumo. Como principal exemplo de sucesso, temos o caso do consumidor.gov (consumidor.gov.br, mas que propositadamente chamaremos de consumidor.gov), plataforma nacional de solução alternativa de conflitos de consumo, que representa verdadeira política pública (digital e tecnológica) de redução de custos de transação e de intensificação tanto dos meios alternativos de resolução de conflitos quanto da consensualidade. O consumidor.gov é uma *legaltech* (uma vez que materializa a simbiose entre direito e tecnologia) e, assim como a maioria das *legaltechs*, busca aproximar as partes em disputa e, se possível, evitar que o caso seja levado à esfera judicial.

O livro definirá a amplitude do conceito de *lawtechs* ou *legaltechs*, apresentará os impactos das *lawtechs* na resolução de conflitos e tratará do potencial que elas têm nesse novo paradigma de virtualização das relações sociais, o que envolve especialmente o direito e demanda sensibilidade em relação à economia e às possíveis consequências dessa intersecção entre tecnologia e remédios judiciais para problemas sociais. Ademais, serão abordados quais são os impedimentos que fazem com que tais tecnologias hoje em dia não sejam predominantes em nosso meio judicial e o porquê dessa resistência silenciosa, porém perceptível.

Seguindo, vamos expor como as novas ferramentas tecnológicas jurídicas são colocadas em prática e como funcionam no mundo real, mostrando casos em que possuem grande eficiência e expondo seus resultados. Para isso, examinaremos com maior profundidade um tipo de *legaltechs*, as ODRs, mecanismos destinados a que as partes (consumidores e fornecedores) resolvam suas controvérsias de forma automatizada, sem intervenção de terceiros e sem passar pela burocracia jurídica.

Apresentar-se-ão, ao final, casos de sucesso, conducentes à desjudicialização e redutores de custos de transação. Para além disso, é importante salientar como as empresas, ao adotar o sistema de ODR, garantem cada vez mais a acessibilidade ao mundo jurídico. Podemos, em um momento introdutório, dizer que as revoluções jurídicas *online* são peças transformadoras no cenário econômico, jurídico e também social.

Para tanto, sistematizando o que até aqui foi dito, no capítulo 1 trataremos da amplitude do conceito de *legaltech* ou *lawtech* e promoveremos seu enquadramento no ordenamento jurídico brasileiro, bem como destacaremos o papel da utilização da tecnologia para otimizar o direito e a economia. No capítulo 2, discutiremos os desafios que circundam a inserção da tecnologia na dogmática jurídica, bem como ponderaremos os custos e os benefícios que podem advir dessa aproximação. No capítulo 3, discutiremos, à luz da AED, a importância das *legaltechs* ou *lawtechs* na redução dos custos de transação e na diminuição do atrito nas relações privadas, proporcionando soluções eficientes, que impulsionem a celebração de acordos privados e preferencialmente extrajudiciais. No capítulo 4, aprofundaremos a análise das ODRs, isto é, apresentaremos os mecanismos de resolução *online* de controvérsias como nova forma de acesso à Justiça e de solução alternativa de conflitos, pelo que compararemos nossa realidade com boas práticas percebidas ao redor do mundo. Posteriormente, no capítulo 5, faremos um estudo de caso sobre bons exemplos de utilização dessas plataformas de tecnologia como políticas públicas de redução da litigância por meio da utilização de tecnologia, como o SquareTrade, o eBay, a e-Xyon e, já pensando em termos de Brasil, os paradigmáticos ReclameAqui e consumidor.gov. Por fim, concluiremos.

1

O que são *lawtechs*?

O termo *lawtech* possui ao menos três significados. Como sinônimo de *legal technology*, pode significar o emprego das tecnologias da informação – como, mais recentemente, inteligência artificial (*artificial intelligence*, AI), aprendizado de máquina (*machine learning*, ML) e *analytics*; ou ainda de tecnologias mais precárias, como os pacotes de aplicações destinadas, por exemplo, a processamento de textos, edição de planilhas e faturamento de serviços – no direito.[2] Nesse sentido, *lawtech* pode ser entendida como um campo ou setor da tecnologia.

Lawtech pode também designar os próprios serviços, ferramentas e aplicações advindos do emprego dessas tecnologias no direito. Nessa acepção, os mercados eletrônicos a unir advogados e consumidores dos serviços jurídicos (Legal.io, Legalmatch.com, Lexoo), por exemplo, são *lawtechs* (tecnologias jurídicas).

Por fim, o termo *lawtech*, também como sinônimo de *legal tech* (*nology*), pode ser usado para fazer referência às empresas que desenvolvem esses serviços, ferramentas e aplicações.[3] Nesse último

---

[2] Nesse sentido: "Mas, nos últimos três anos, houve maior interesse em *lawtech*, que se refere ao uso de tecnologia como inteligência artificial, *big data* e máquinas inteligentes para prestar serviços jurídicos" (Young-Powell, 2019, trad. livre).

[3] Nesse sentido: "Definimos uma *legal tech* como a organização de softwares e serviços habilitados para uma atividade jurídica (incluindo escritórios de advocacia e consultores

caso, as *lawtechs* podem tanto designar os grandes *players* do setor de tecnologia jurídica, como Thomson Reuters e LexisNexis, quanto – e este parece ser o uso até mais comum do termo – as *startups* que buscam se estabelecer no setor e inová-lo.

É interessante notar que esses usos do termo *lawtech* ganham força em momentos diferentes da história da intersecção entre o direito e a tecnologia. Se, por um lado, a aplicação de tecnologias ao direito – sobremaneira às práticas dos escritórios de advocacia – quase coincide com o surgimento das próprias tecnologias, o uso da palavra *lawtech* para designar certos serviços e determinados tipos de empresas parece ser bem mais recente. Falar-se em serviços *lawtech* ou em empresas *lawtech* é algo que só pode ser entendido no contexto do novo milênio, com a revolução da internet e das aplicações que dela se servem para *disrupt*[4] (de "disrupção") mercados tradicionais.

O objetivo deste capítulo é introduzir o tema *lawtech* de maneira breve e sem qualquer pretensão de fazer uma historiografia da relação entre direito e tecnologia. No que diz respeito ao primeiro contato que o direito teve com a tecnologia, é necessário dizer que é difícil encontrar um ponto inicial na história para o que quer que seja. Para Friedmann (2004), o direito começa a ser revolucionado pela computação em 1973, quando a empresa Lexis (hoje LexisNexis) lançou o terminal "UBIQ", que permitia aos advogados realizar busca de jurisprudência (o *case law* do *common law*) valendo-se de uma máquina em lugar de terem de percorrer

---

internos), bem como serviços jurídicos habilitados por tecnologia, entregues a empresas e consumidores" (Mahoney, 2017, trad. livre).

4 Inovação disruptiva "descreve um processo pelo qual um produto ou serviço é simplificado mediante inovação e, em seguida, essa conveniência e acessibilidade acabam eventualmente deslocando o mercado e concorrentes estabelecidos" (Christensen, 2015, trad. livre).

trabalhosamente os índices impressos de livros e outros materiais.[5] O que começou como busca por documentos jurídicos – os julgados, os casos do *case law* – transformou-se, a partir da metade da década de 1970, na criação dos próprios documentos jurídicos com a popularização dos processadores de palavras (*word processors*, *word editors*) Wang.[6]

A principal mudança de *hardware* viria a ser, no entanto, o lançamento pela International Business Machines (IBM), em 1981, do computador pessoal (PC), o primeiro *desktop* vendido largamente no mercado de consumo e amplamente adquirido pelas empresas. Ainda que o principal uso dos primeiros PCs pelos profissionais do direito se desse para o processamento de palavras – *i.e.*, redação de textos e documentos jurídicos –, houve também usuários iniciais que, operando no mundo jurídico, ainda na década de 1980, utilizaram planilhas para calcular indenizações, negociar acordos e analisar padrões do mercado acionário (Friedmann, 2004).

No início da era dos PCs, não havia sistemas populares para a conexão entre eles. O problema foi inicialmente atacado pelos disquetes (*floppy disks*),[7] que, entretanto, possuíam baixa capacidade de

---

5 Sobre o estabelecimento dos concorrentes históricos do setor de tecnologia jurídica LexisNexis e West, ver Bing (2010) e Paliwala (2010).

6 Wang Laboratories foi uma empresa de tecnologia sediada no estado norte-americano de Massachusetts que se notabilizou, na década de 1970, pelos processadores de palavras e posteriormente pelos mini e microcomputadores. Na década de 1980, chegou a ter receitas anuais de US$ 3 bilhões e a empregar 33 mil pessoas. Foi adquirida em 1999 pela holandesa Getronics e posteriormente vendida para a KPN em 2007 e para a CompuCom em 2008.

7 Os primeiros disquetes, que possuíam a dimensão de 8 polegadas (200 milímetros), ficaram conhecidos no Brasil como "bolachões". Chegaram a possuir a capacidade de armazenar até 1 MB (*megabyte*). Na sequência, vieram os disquetes de 5¼ polegadas (133 milímetros), com capacidade de até 1,2 MB, e, por fim, foram lançados os disquetes de 3½ polegadas, que, podendo armazenar até 5,76 MB, foram os que mais se popularizaram. Estes últimos foram comercializados até meados dos anos 2000, momento em que o preço dos gravadores de CD (CD-ROM) caiu bastante, o que permitiu seu uso em larga escala.

armazenamento. Foi somente por volta de 1985 que se espalharam no mercado americano – e consequentemente nas grandes bancas de advocacia dos Estados Unidos – as LANs (*local area networks*). Tratava-se de conectar vários PCs a um poderoso PC que servia de central, capaz de armazenar os documentos dos vários computadores a ele conectados. Nesse momento, tem início o compartilhamento ágil de documentos, bem como o compartilhamento de impressoras (Friedmann, 2004).

Há mais. O que talvez não se conheça tanto hoje em dia é que a disseminação das LANs, embora não consistisse ainda no uso da internet, permitiu a troca de mensagens eletrônicas entre PCs: difundem-se, já com as LANs, os *e-mails*. Como as redes locais, entretanto, raramente eram interligadas entre si, os *e-mails* nessa época quase que exclusivamente eram trocados entre os PCs de uma mesma organização (Friedmann, 2004).

Se a década de 1980 é marcada pela revolução dos PCs, a década de 1990 é marcada por duas revoluções distintas. Na primeira metade dos anos 1990, ocorre a revolução do Windows. De fato, em 1992, com o lançamento pela Microsoft da versão 3.1 do Windows, que suplantou o sistema DOS (que exigia dos usuários a memorização de linhas de comando, boa parte delas a começar pelo famoso "*c:*"), a mudança instantânea entre tarefas e a execução de múltiplas aplicações simultâneas tornou-se a regra. Não por acaso, difundiram-se nessa mesma época os pacotes de aplicações (*suites*) – mercado que viria a ser dominado pela própria Microsoft com seu conhecido pacote Office –, agregando aos processadores de palavras (editores de texto) outras ferramentas de gestão de negócios (planilhas, gestão de calendários, contatos).[8]

---

[8] A difusão dos pacotes de aplicações deve ser compreendida num contexto de redução dos custos de aprendizagem. Os provedores de *software* lançavam as suas aplicações com interfaces próprias e com menus e comandos que raramente se assemelhavam aos de outras aplicações, ainda que não se tratasse de aplicações concorrentes – destinadas a um mesmo fim. Os pacotes de aplicações resolviam esse problema.

Por volta de 1995, expandiu-se bastante o mercado de aplicações destinadas diretamente a advogados. Ferramentas de gestão (administração) de casos,[9] de faturamento de serviços, de arquivamento de documentos, de trato de negócios imobiliários e de gestão de propriedade intelectual passaram a ser oferecidas largamente no mercado. Conforme caíam os preços das máquinas e das aplicações e aumentava a capacidade de processamento, o suporte tecnológico à gestão de litígios cresceu bastante. Provedores de aplicações, nessa linha, passaram a oferecer, já nessa época, serviços de escaneamento de documentos, de conversão de documentos em imagens, de tradução de imagens em textos pesquisáveis e de busca de termos nos próprios documentos (Friedmann, 2004).

Embora a revolução do Windows tenha continuado com o Windows 95, o que marcou a segunda metade da década de 1990 – dando origem à revolução pela qual o mundo ainda passa – foi o desenvolvimento de interfaces que permitiam às pessoas acessar as informações na *world wide web*: os navegadores. Em um artigo de capa de 1994, o *New York Times* descreveu o lançamento e a rápida difusão de um *software* chamado Mosaic, um navegador que permitia às pessoas acessar conteúdos na grande rede. Dominante no mercado de sistemas operacionais, a Microsoft desenvolveu seu próprio navegador, o Internet Explorer, integrando-o aos seus sistemas operacionais.[10]

---

[9] Um dos *softwares* mais conhecidos de gestão de casos no Brasil é o Cadastro de Processos Jurídicos (CPJ), voltado à gestão do contencioso e sua integração ao *backoffice* de escritórios, sobremaneira o setor financeiro.

[10] A integração, pela Microsoft, do navegador Internet Explorer aos sistemas operacionais Windows que eram comercializados na década de 1990 foi responsável pela sua vitória no mercado de navegadores, ficando com sua maior fatia na época. A prática, no entanto, foi reputada como anticompetitiva pelo Departamento de Justiça dos Estados Unidos (DOJ), que levou o caso a juízo – primeiro à Corte Distrital e, na sequência, à Corte de Apelação de Colúmbia. Trata-se do famoso caso United States *v.* Microsoft Corporation. Em 2002, o caso foi resolvido por acordo, por meio do qual a Microsoft se comprometeu a compartilhar com terceiros suas interfaces de programação e seus protocolos pelo período de cinco anos.

A adoção pelo grande público da internet e dos navegadores deu-se, também por isso, de modo rápido, tornando-se a navegação na *web* prática comum na vida das pessoas e empresas. O uso de *e-mails* como meio de comunicação pessoal e empresarial passou a ser igualmente corriqueiro, inclusive no dia a dia das bancas de advocacia, que, tradicionalmente avessas às novas tecnologias, viram-se sob pressão dos clientes e do mundo corporativo para ingressar no mundo novo das conexões instantâneas (Friedmann, 2004).

Não tardou até que os escritórios, seguindo a linha das grandes empresas e portais, criassem seus próprios *sites* para divulgar seus serviços. Entre o fim da década de 1990 e o início dos anos 2000, foi, portanto, a vez de as *startups* que desenvolviam serviços de criação de *sites* e plataformas digitais crescerem com grande vigor (Friedmann, 2004).

O início do novo milênio foi marcado, no mundo digital, pelo estouro da bolha das empresas *dot-com* (bolha das ponto-com), que levou à bancarrota inclusive negócios digitais já bem estabelecidos (como Pets.com,[11] Webvan[12] e Boo.com).[13] Se o estouro da bolha conduziu ao arrefecimento dos investimentos em negócios digitais como um todo, o mesmo não se deu com os investimentos de escritórios de advocacia e outros participantes do mercado jurídico em tecnologia. Talvez porque, dada a natureza do negócio – diz-se que o mercado jurídico é menos afeito às crises e flutuações dos outros mercados –, os participantes do mercado jurídico não tenham sido pegos de maneira tão avassaladora pelo estouro da bolha, os investimentos dos *players* do mercado jurídico em tecnologia continuaram

---

[11] Empresa que vendia acessórios para animais de estimação. Chegou a listar ações na Nasdaq no ano 2000, para, aproximadamente um ano depois, vir a ser liquidada.

[12] Empresa que, fundada em 1999, vendia alimentos, como pães e vegetais. Declarou falência em 2001, demitindo algo em torno de 2 mil funcionários.

[13] Empresa que vendia roupas *online*. Chegou a gastar US$ 135 milhões em ações de marketing num período de 18 meses, vindo a ser liquidada poucos meses depois.

a crescer, de maneira que, no início do novo milênio, a infraestrutura dos escritórios de advocacia e de outros interessados no mercado jurídico se fazia comparável à das grandes corporações.[14]

No mercado de *hardware*, na sequência, houve a disseminação dos *laptops* e aparelhos móveis (aparelhos de mão, *handheld devices*), sendo talvez o aparelho mais marcante dessa nova fase o BlackBerry, que permitia o uso das principais aplicações disponíveis em um PC em qualquer lugar e a qualquer hora do dia. No mercado de *softwares*, por outro lado, consolidaram-se os pacotes de aplicações, mas sem mudanças disruptivas – cuja ocorrência no direito, como se verá, ainda hoje é bastante discutível. O que parece ter constituído uma real mudança no começo do novo milênio foi: (1) o desenvolvimento de portais agregadores de informação, a oferecer dados e informações de variadas fontes em uma única interface para o usuário (ganha, nesse instante, tração[15] o Google); (2) a criação de redes externas a permitir o compartilhamento ágil de documentos, calendários, contatos e outras informações entre clientes e advogados e entre o próprio time de advogados das bancas. A revolução da web começa a ganhar corpo.

Aplicações específicas para o mundo jurídico, é claro, continuaram a ganhar espaço e a se estabelecer. A aplicação CaseMap, da LexisNexis, lançada em 1998, direcionada aos advogados que atuam

---

14 "Com a crise das 'ponto com' em 2001, os gastos com tecnologia despencaram; o novo mantra era fazer mais gastando menos. Possivelmente porque os escritórios de advocacia não foram apanhados pela crise, eles continuaram investindo em tecnologia. No início do novo século, parecia que, pela primeira vez, muitas empresas tinham infraestrutura de tecnologia comparável à de seus clientes corporativos. As empresas aprenderam que as atualizações e o suporte de tecnologia eram imprescindíveis, não decisões pontuais" (Friedmann, 2004, trad. livre).

15 "Ganhar tração" é um termo com bastante uso no mercado de *startups*. Quando *startups* vão em busca de financiamento, para que tenham sucesso precisam mostrar evidências quantitativas da demanda de mercado. É isto que é ganhar tração: possuir demanda do serviço com base em evidências (Greenstein, 2011).

no contencioso,[16] passou a permitir a organização de fatos e alegações jurídicas, tornando-se uma ferramenta quase indispensável nos grandes escritórios dos EUA. A principal concorrente da LexisNexis, por seu turno, a West – adquirida em 1996 pela canadense Thomson Reuters –, desenvolveu, na mesma época, o sistema West km[17] para pesquisa na base de jurisprudência da West e sua respectiva indexação (Friedmann, 2004).

Com os custos de armazenamento de documentos beirando zero, as bancas de advocacia passaram a salvar praticamente tudo o que era produzido em seu interior (Friedmann, 2004). É então nesse contexto, de consolidação da internet como principal meio de comunicação e de acesso a informações, de armazenamento contínuo de documentos e dados em grandes bancos – e posteriormente na nuvem (*cloud computing*) – e de crescimento exponencial da capacidade de processamento eletrônico das informações, que se pode dizer que o termo *lawtech* ganha outros dois significados: além do uso da tecnologia pelos operadores do direito, passa a designar, como se disse no início, tanto as empresas de tecnologia voltadas especificamente para o mundo do direito – sinônimo de *legal companies* ou *legal startups* – quanto os novos serviços advindos da aplicação de tecnologias da informação ao direito (aplicações jurídicas, *apps* jurídicos).

É também nesse instante que o termo *lawtech*, como sinônimo de ferramentas e aplicações, deixa de guardar relação com processadores de texto, editores de planilha, agregadores de *e-mail* e mesmo com ferramentas de gestão de casos jurídicos. No que concerne às

---

16 Isto é, advogados que lidam com litígios (processos judiciais, administrativos, arbitragens). Costuma-se dividir os serviços prestados por escritórios de advocacia em contenciosos e consultivos. Os serviços consultivos (de consultoria) são os mais diversos e vão desde orientações direcionadas à abertura de sociedades empresárias, fusões e aquisições a orientações tributárias e de *compliance*.

17 Hoje um sistema integrado de gestão de documentos, gestão do contencioso, pesquisa jurídica, *analytics*.

tecnologias para as quais aponta, o termo *lawtech*, com a revolução da internet, passa a ser entendido como inteligência artificial, *machine learning*, automação robótica de processos, *analytics* e funções algorítmicas (The Law Society, 2019:8). Mas o termo *lawtech* ganha dois significados sem perder aquele que já tinha. É corriqueiro falar-se em *lawtech* como um campo da tecnologia.

Como setor, campo da tecnologia, *lawtech*, nesse novo mundo das conexões instantâneas e ubíquas, coloca-se ao lado de *fintech*,[18] *insurtech*[19] e *regtech*,[20] setores do conhecimento e de aplicação das tecnologias. Se, porém, se pode dizer que a tecnologia da informação na era da internet já *disrupted* ("revolucionou"), por exemplo, o mercado financeiro, o mesmo não se pode dizer a respeito do direito.

Por quê? E o que afinal significa *disrupt* ("disrupção", "revolucionar")? Com a revolução da internet, com a interconexão de todo o mundo, com a evolução dos sistemas de processamento de dados e com a difusão dos aparelhos móveis, capazes de identificar potenciais consumidores em todo canto, a aplicação de tecnologias a mercados

---

18 *Fintech* é o termo que designa a aplicação das recentes tecnologias da informação ao setor financeiro. A empresa mais conhecida a atuar nesse mercado talvez seja a PayPal, que revolucionou o mercado de pagamentos e de transferências de dinheiro, aproveitando-se da expansão do comércio *online*, sobremaneira da revolução causada pelo eBay. Hoje, no entanto, todo o mercado financeiro está a ser *disrupted*. Veja-se, por exemplo, o que está a ocorrer com o financiamento de empresas por meio de *crowdfunding*. Sobre o tema: Deloitte (2016).

19 *Insurtech* é o termo que designa a aplicação das recentes tecnologias da informação ao setor de seguros. A principal disrupção causada até o momento pelo *insurtech* no setor de seguros parece se dar no preço. Ao se valerem de inteligência artificial e de *analytics*, as empresas de *insurtech* conseguem ser mais precisas nos cálculos atuariais, identificando melhor os riscos associados aos consumidores. Permite-se, dessa maneira, a customização dos seguros e uma melhor precificação dos serviços.

20 *Regtech* é o termo que designa a aplicação das recentes tecnologias da informação ao setor regulatório. Trata-se, sobretudo, de facilitar o *compliance* das empresas com as novas regulações, sobretudo as relativas a KYC (*know your customer*) e AML (*anti-money laundering*). A automação de relatórios e de comunicações com agências já é uma realidade na Europa. Sobre o tema, ver Hugé, Krieg e Giuntini (2017).

já estabelecidos mostrou-se inevitável. Mercados caracterizados por fricção e burocracias, por altos custos de transação,[21] passaram a ser atacados por aplicações inovadoras, a remover essas fricções.[22]

No campo *fintech*, um bom exemplo parece ser o da remessa internacional de capitais (dinheiro). Tradicionalmente caro, lento e dominado por uns poucos *players* com presença internacional, o mercado de remessa internacional de capitais hoje foi revolucionado pelas *fintechs* (por exemplo, a plataforma Transferwise), que prestam serviços quase instantâneos e a baixo custo (The Law Society, 2019:38). Não se cuidou da adoção de tecnologia por empresas já estabelecidas – grandes bancos, por exemplo, embora eles tenham conseguido alcançar a evolução do mercado e seguir as tendências – que passaram a oferecer os mesmo produtos de sempre, mas de maneira mais eficiente. Tratou-se do surgimento de novos *players* e de novos produtos e serviços no mercado financeiro, que perdeu suas antigas configurações e ganhou outras.

A comparação entre *lawtech* e *fintech* pode servir de parâmetro para analisar o que está por vir no mundo do direito em razão das novas tecnologias. De início, o setor das *fintechs* – as empresas

---

[21] Custos de transação são quaisquer empecilhos a que pessoas negociem, contratem, como dificuldades de comunicação e mesmo de identificação entre vendedores e consumidores. Cooter e Ulen (2016:84, trad. livre) dizem o seguinte: "Discutimos 'negociações bem-sucedidas', mas não discutimos por que as barganhas às vezes são bem-sucedidas e às vezes falhas. A negociação ocorre através da comunicação entre as partes. A comunicação tem vários custos, como alugar uma sala de conferências e dedicar algum tempo à discussão, por exemplo. Coase usou o termo 'custos de transação' para se referir aos custos de comunicação, bem como a uma variedade de outros custos [...]. De fato, ele usou 'custos de transação' para abranger todos os impedimentos à negociação".

[22] Nesse sentido, veja-se, por todas, a disrupção provocada pela Uber nos transportes de passageiros em todo o mundo. É possível dizer que o principal serviço prestado pela Uber é a redução de fricções, de custos de transação. Antes da Uber, um pedestre que se dirigisse a um motorista comum (um não taxista) no trânsito e lhe oferecesse dinheiro para que o motorista o levasse a determinado lugar seria visto com desconfiança e teria baixíssimas chances de sucesso. A Uber, valendo-se da revolução dos aparelhos móveis, identifica motoristas e pedestres e os aproxima, tornando possível que transijam a respeito do transporte destes por aqueles.

disruptivas – demorou a ganhar tração. As grandes financeiras ignoraram a comunidade das *startups*, preferindo desenvolver seus próprios sistemas. Sucede que as *startups* já possuíam o conhecimento necessário e as aplicações adequadas, capazes de fornecer novos serviços – como no mercado de remessa internacional de capitais – de maneira barata e rápida. O próximo passo se deu quando as grandes financeiras, sabedoras dessa disparidade entre o que já vinha ocorrendo no mercado das *startups* e seus serviços, passaram a estudar com mais cuidado as principais *startups* para com elas criar relações comerciais.

Cresceram nesse contexto as aceleradoras de *fintechs*, como a britânica Accenture, por meio da qual múltiplas *fintechs* e financeiras passaram a abordar problemas práticos do mercado. Algumas financeiras chegaram a adquirir *fintechs*, o que nem sempre deu resultado, dada a diferença dos modelos de negócios e no espírito empreendedor destas últimas frente ao modelo tradicional daquelas. Foi nesse contexto, por fim, que surgiram plataformas de empresas como a Temenos e a Finastra – para não falar da superagregadora Bud –,[23] destinadas a realizar a interface entre *fintechs*, financeiras e consumidores sem que haja conflito entre os modelos de negócios de umas e outras (The Law Society, 2019:38).

E o setor *lawtech*, em que estágio se encontra? Em vias de ser revolucionado? Sê-lo-á algum dia? O setor *lawtech* vê-se num momento crucial de mudanças, para cuja ocorrência serão, mais cedo ou mais tarde, necessárias alterações estruturais que independem da tecnologia. A regulação da advocacia e os impedimentos ao financiamento externo de escritórios são algumas das barreiras estruturais do setor.[24]

---

[23] Agregadoras são as empresas que conectam múltiplos serviços e fornecedores, fazendo com que suas várias aplicações conversem entre si. Do ponto de vista do consumidor, as agregadoras *fintech* fornecem uma interface única para que ele maneje com facilidade os vários produtos e serviços financeiros que possui. Sobre a Bud, ver O'Hear (2019).

[24] Sobre o tema, ver o relatório britânico da The Law Society (2019) na íntegra.

Se, de todo modo, é certo que o setor de *lawtech* ainda não foi revolucionado, não é menos certo que tenha sofrido grandes mudanças nos últimos anos, sobretudo: por pressão dos clientes dos escritórios; pela conscientização, lenta e gradual, do mercado jurídico de que quem deve ser o centro do negócio é o consumidor (passagem de um *seller's market* para um *buyer's market*); pela entrada de novos *players* no mercado que adotam modelos alternativos de negócio e não o formato de sociedades de pessoas usualmente utilizado pelos escritórios de advocacia – a despeito das, e por vezes contra as, regulações setoriais –; pelo crescimento da carga e da complexidade do trabalho jurídico; e pela entrada no mercado de advogados "nativos digitais", que cresceram em meio à revolução da internet e se sentem confortáveis diante das novas tecnologias (The Law Society, 2019:12).

Seguindo, então, uma distinção mercadológica bem estabelecida na literatura da administração de empresas, parece interessante examinar essas mudanças conforme a segmentação de mercado de que se esteja a tratar – B2B (*business-to-business*, isto é, negócios estabelecidos entre empresas), B2C (*business-to-consumer*, isto é, negócios efetuados com o consumidor final) e *in-house* (departamentos jurídicos internos das empresas) – para, ao final, fazer alguns apontamentos quanto às aplicações, tecnologias e dificuldades estruturais à "disrupção" do setor.

Comece-se pelo mais avançado dos mercados, o B2B. É o segmento mais desenvolvido, particularmente quando se trata de grandes bancas de advocacia, às quais não são estranhos a inteligência artificial e o aprendizado de máquina. Vale a menção, aqui, da tecnologia ROSS (ROSS Intelligence), alimentada por sua vez pela tecnologia IBM. A ROSS Intelligence, utilizada pelos principais escritórios de advocacia dos Estados Unidos, consiste no que há de mais avançado em termos de inteligência artificial aplicada ao direito. Trata-se de um advogado-robô, baseado no NLP (*natural language processing*, processamento de linguagem natural), cujas capacidades vão desde a busca de jurisprudência até o oferecimento de aconselhamento jurídico completo a partir de perguntas comuns dos usuários.

Dando continuidade ao exame do mercado B2B, as áreas que mais crescem nesse setor são o *legal analytics*,[25] a gestão de processos jurídicos,[26] governança e *compliance* e a gestão de contratos, esta última já com alguma consolidação.[27] As áreas mais estabelecidas, por outro lado, são aquelas nas quais se oferecem ferramentas de colaboração, gestão de documentos,[28] gestão de propriedade intelectual e faturamento eletrônico (*e-billing*) (The Law Society, 2019:5).

No outro extremo, o menos desenvolvido dos segmentos *lawtech* é o mercado B2C, que parece ser aquele em que existem as maiores oportunidades de negócios. Por quê? Nos Estados Unidos, diz-se da existência de uma demanda reprimida por serviços jurídicos da ordem de 80%, dados os honorários praticados pelos profissionais da área e o modelo de atendimento (Meet..., 2017). Aí está a principal oportunidade de negócios *lawtech*. Plataformas que independam da interação entre advogados humanos e consumidores podem

---

[25] *Analytics* é um ramo da tecnologia em que se analisam padrões a partir dos quais decisões são tomadas, com base em uma grande quantidade de dados, estruturados ou não.

[26] O que não é o mesmo que a gestão individuada de casos. A gestão de processos jurídicos visa analisar como um todo o contencioso inteiro de escritórios e departamentos jurídicos, a fim de que se tomem decisões voltadas a uma maior eficiência.

[27] Tanto que a conhecida revista *PCMag* listou os 10 *softwares* mais importantes do setor em 2018, apontando como escolha da editoria o gratuito Agiloft (Contrata e Marvin, 2018).

[28] Tendo por ferramenta mais conhecida a iManage. A iManage é uma empresa tradicional de gestão de documentos para escritórios de advocacia, com uma clientela que soma mais de 3 mil escritórios ao redor do mundo. Fundada em 2010, foi adquirida pela HP. Em 2015, separou-se da HP, voltando às mãos dos fundadores. RAVN, por sua vez, era uma empresa de inteligência artificial britânica. A aquisição desta por aquela, espera-se, permitirá que aos serviços de gestão documental agreguem-se serviços de: autoclassificação de documentos de maneira que possam ser usados ou protegidos automaticamente com base no seu conteúdo; extração automática de informações, datas, obrigações e quantias; identificação de documentos importantes para o atendimento de obrigações de *compliance*; identificação de cláusulas com determinado conteúdo para a gestão da informação (Ambrogi, 2017b).

atender a essa demanda. No mesmo sentido, serviços prestados por um advogado a uma ampla gama de consumidores podem liberar essa demanda.[29] No segmento B2C, têm crescido, não por acaso, robôs-*chat* (*chatbots*), ferramentas de "faça você mesmo" (*do-it-yourself*, DIY law)[30] e ferramentas de diagnóstico jurídico (*triage tools*), a partir das quais os consumidores conseguem tirar dúvidas sem ter de contatar um advogado. Por outro lado, é no segmento B2C que existe a possibilidade de "uberização" dos serviços jurídicos. Já existem diversas ferramentas desse tipo (Legal.io, Lexoo), a ponto de, no mercado britânico, se poder falar na saturação dos *legalmarkets* – sem que, contudo, algum deles tenha ganhado tração a ponto de causar a "disrupção" da forma tradicional de praticar a

[29] Sobre a relação entre tecnologias disruptivas e franjas não atendidas do mercado: "Uma inovação sustentável é uma tecnologia que melhora o desempenho de um produto ou serviço no mercado. Tais tecnologias podem ter caráter descontínuo ou radical, enquanto outras são de natureza incremental. Empresas refinam seus produtos inventando ou capitalizando novas tecnologias, com o objetivo de aumentar suas vendas para os níveis mais altos do mercado. No entanto, as empresas tendem a inovar mais rapidamente do que as necessidades de seus clientes, e a maioria das organizações eventualmente acaba produzindo produtos ou serviços realmente sofisticados, caros e complicados demais para muitos clientes em seu mercado. Essas circunstâncias criam uma lacuna no mercado: deixando de atender àqueles clientes que não querem ou não podem comprar produtos ou serviços mais 'sofisticados' ou 'complicados'. Essa lacuna pode estimular o desenvolvimento de inovações que transformam um produto ou serviço para atender àqueles consumidores à margem do mercado. [...] É isso que o professor Christensen chama de 'inovação disruptiva'. Tais tecnologias (produtos ou serviços) são tipicamente 'mais baratas, mais simples, menores e frequentemente mais convenientes de usar'. As tecnologias disruptivas não são adotadas por 'empresas estabelecidas' porque elas não têm perspectivas de lucratividade tão atraentes. Mover-se para esses novos mercados envolveria o desvio de recursos dessas empresas para outro lugar, em vez de serem usados para fornecer produtos de melhor qualidade para os clientes existentes. Eventualmente, no entanto, inovadores disruptivos melhoram seus produtos até atingirem um ponto em que satisfaçam as necessidades da maioria dos clientes, incluindo os entrantes" (International Bar Association, 2016, trad. livre).

[30] O caso que parece de maior sucesso na área é a ferramenta DoNotPay, para contestar *tickets* de estacionamento. A aplicação alega obter sucesso em 50% dos casos em que é utilizada.

advocacia (fala-se na ausência de uma *burning platform*) (The Law Society, 2019:5).

Para concluir o exame do estágio de desenvolvimento do setor *lawtech* por segmento de mercado, a adoção de tecnologias jurídicas pelos departamentos jurídicos internos (*in-house*), quer de escritórios, quer de agências do governo, encontra-se num nível intermediário entre o razoavelmente robusto segmento B2B e o incipiente segmento B2C. O ramo *lawtech* que parece mais desenvolvido no segmento *in-house* é o de faturamento eletrônico, a proporcionar maior transparência e previsibilidade que as formas tradicionais de *e-billing*. As tecnologias jurídicas atuais permitem ao cliente examinar, em suas telas e em tempo real, não só tudo o que está a lhe ser cobrado, como também os trabalhos a ocorrer naquele instante e ainda aqueles que serão necessários para a conclusão de tarefas e o desenrolar dos casos (*work-in-progress*).[31] Tende a ficar no passado, então, o faturamento *ex post* dos serviços jurídicos praticados pelos escritórios em favor dos clientes, só tendo estes absoluta certeza de tudo o que lhes seria faturado depois de concluídos os serviços e de contabilizadas todas as horas gastas pelos advogados envolvidos nas atividades. Mais que isso, a partir do que a tecnologia proporciona atualmente, é também possível rodar *analytics* para comparar gastos por ano ou região (The Law Society, 2019:34).

Ainda quanto ao segmento *in-house*, é interessante notar que a pressão pela revisão documental (*document review*) por meio de tecnologias partiu dos departamentos das grandes corporações, sobretudo bancos. Escritórios de advocacia, dado o risco do negócio

---

31 "A utilização do raciocínio das *law techs* fornece benefícios mais avançados do que a oferta tradicional que as plataformas *eBilling* podem oferecer. Ao fornecer visibilidade sobre o andamento em vários setores legais diferentes, o elemento surpresa pode ser erradicado ou minimizado. As equipes jurídicas internas podem executar análises comparando gastos por ano ou por região, ou podem desmembrar os dados de várias outras maneiras para desenvolver KPIs, ou seja, os indicadores-chave de desempenho" (The Law Society, 2019:34, trad. livre).

e o modo como encaram a si próprios e a sua função, são tradicionalmente avessos a aventuras. A pressão por serviços mais ágeis e pelo corte de gastos tem levado os escritórios a adotar tecnologias das quais as grandes corporações já se vinham valendo (The Law Society, 2019:34).

Concluindo o exame do segmento *in-house*, é interessante notar que a automação robótica de processos (RPA) é vista como a principal ferramenta adotada por grandes organizações. Ainda que não disruptiva, é capaz de gerar eficiência e redução de custos. Por meio dela, é possível a estruturação de procedimentos empresariais repetitivos e a integração de sistemas legados (*legacy computing environments*).[32]

Para concluir, uma vez examinadas as tendências *lawtech* com base na segmentação do mercado, cumpre registrar ainda outras duas classificações possíveis (do setor *lawtech*) e examinar, por fim, as barreiras estruturais para a disrupção do setor. Pois bem. O setor *lawtech* pode ser, de um lado, dividido com base nas aplicações tecnológicas que proporciona atualmente:[33]

- *analytics* e jurimetria – plataformas de análise e compilação de dados e jurimetria;
- automação e gestão de documentos – *softwares* de automação de documentos jurídicos e gestão do ciclo de vida de contratos e processos;
- *compliance* – empresas que oferecem o conjunto de disciplinas para fazer cumprir as normas legais e as políticas estabelecidas para as atividades da instituição;
- conteúdo jurídico, educação e consultoria – portais de informação, legislação, notícias e demais empresas de consultoria

---

32 Sistemas legados são sistemas obsoletos, mas que continuam a ser utilizados quer pelos custos da mudança – inclusive de aprendizado dos usuários –, quer pelos bancos de dados que possuem.

33 Disponível em: <www.ab2l.org.br/radar-lawtechs/>. Acesso em: 7 jun. 2019.

com serviços desde segurança de informação até assessoria tributária;

- extração e monitoramento de dados públicos – monitoramento e gestão de informações públicas, como publicações, andamentos processuais, legislação e documentos cartorários;
- gestão (escritórios e departamentos jurídicos) – soluções de gestão de informações para escritórios e departamentos jurídicos;
- IA (setor público) – soluções de inteligência artificial para tribunais e poder público;
- redes de profissionais – redes de conexão entre profissionais do direito, que permitem a pessoas e empresas encontrar advogados em todo o Brasil;
- *regtech* – soluções tecnológicas para resolver problemas gerados pelas exigências de regulamentação;
- resolução de conflitos *online* – empresas dedicadas à resolução *online* de conflitos por formas alternativas ao processo judicial, como mediação, arbitragem e negociação de acordos;
- *taxtech* – plataformas que oferecem tecnologias e soluções para todos os seus desafios tributários;
- *civic tech* – tecnologia para melhorar o relacionamento entre pessoas e instituições, dando mais voz para participar das decisões ou melhorar a prestação de serviços;
- *real estate tech* – aplicação da tecnologia da informação por meio de plataformas voltadas ao mercado imobiliário e cartorário.

Existem, ainda, empresas que oferecem vários serviços jurídicos (*diversified legal techs*), como Wolters Kluwer, Reed Elsevier, Lexis Nexis, Conduent, Bloomberg Law, Thomson Reuters, Accenture (The Law Society, 2019:34).

De outro lado, o setor de *lawtechs* pode também ser segmentado ao se tomarem por critérios as principais tecnologias desenvolvidas e utilizadas:

- RPA (automação robótica de processos), isto é, a automação de dados estruturados;
- ML/AI (aprendizado de máquina/inteligência artificial), isto é, a automação cognitiva de dados semiestruturados ou não estruturados;
- NLP – processamento de linguagem natural;
- *blockchain*;
- *analytics* preditivo/*data analytics*;
- infraestrutura baseada na nuvem e serviços sob demanda (*on-demand type services*), como os de *plataform-as-service*, *software-as-service*.

Finalmente, com relação às barreiras estruturais para a "disrupção" do setor *lawtech*, um dos empecilhos ao seu crescimento e expansão parece residir no problema do financiamento. Assim que ficou claro o potencial disruptivo das *fintechs*, seu financiamento foi realizado não só por *venture capital* (estando entre eles os fundos de *private equity*), mas também pelos *players* já estabelecidos do setor, que dispunham de capital para tanto. Há uma série de dificuldades para que o mesmo ocorra no setor das *lawtechs*, não só pelos impedimentos regulatórios para que firmas de advocacia recebam financiamento externo – ressalvados os casos do Reino Unido, em que isso é possível desde 2007, e Austrália, em que isso é possível desde 2001[34] –, mas também pelo modelo de negócios dos escritórios, tradicionalmente sociedades de pessoas (de advogados) para as quais investimentos em tecnologia são vistos como dedução dos lucros dos sócios.[35]

---

34 Em ambos os países é possível, inclusive, a listagem de ações em bolsa por escritórios.

35 Sobre o tema: "A maioria dos escritórios de advocacia mantém parcerias, e o dinheiro que seria gasto em *law tech* geralmente vem diretamente do *pool* de lucros dos sócios, algo que pode criar um alto padrão de utilização e de investimentos. As parcerias também resultam em dispersão de responsabilidades, o que pode dificultar o apoio de todos os sócios, principalmente quando os sócios próximos à aposentadoria podem estar menos motivados a investir no futuro do escritório de advocacia" (The Law Society, 2019:23,

O financiamento das empresas *lawtech*, ainda que em crescimento e maturação, é embrionário se comparado ao das *fintechs* e *insurtechs* (The Law Society, 2019:12). O regulador britânico das *fintechs* (Financial Conduct Authority – FCA), diversamente do que se dá no setor *lawtech*, vem influenciando de maneira decisiva no desenvolvimento do setor. Tem fomentado a criação de novos serviços e o surgimento de *startups*. Consequentemente, o regulador das *fintechs* tem incentivado o desenvolvimento também do mercado *regtech*, sobretudo em serviços de KYC (*know your customer*) e AML (*anti-money laundering*) (The Law Society, 2019:39).

Não é fácil saber se as barreiras regulatórias e de financiamento ficarão de pé no setor *lawtech*. Ainda que pareça certo que a flexibilização delas incentivaria o desenvolvimento do setor, sua manutenção não significa garantia de que o mercado jurídico permanecerá no estado em que se encontra e de que a prática jurídica continuará a se dar da forma como os operadores do direito acostumaram-se. É que a disrupção usualmente independe do quão estabelecidos estão os fornecedores tradicionais de determinado setor. O exemplo da Uber é paradigmático. De um lado, a Uber rompeu barreiras regulatórias e mudou a indústria dos transportes ao redor do mundo. De outro, é verdade, valeu-se do financiamento disponível às *startups*, sem o que é difícil imaginar que viesse a atingir tamanho sucesso. No setor *lawtech*, o modo como interagirão barreiras regulatórias e de financiamento com o ímpeto de novos *players* e com a busca de vantagens competitivas por *players* já estabelecidos ainda não está claro. Os próximos 18 meses, crê-se, serão decisivos para que

---

trad. livre). O Reino Unido tem conhecido flexibilizações regulatórias, com a permissão de que modelos alternativos de negócios (ABS, *alternative business structure*) prestem serviços jurídicos, o que, sob essa denominação, tem sido realizado pelas *big four* de contabilidade (Ernst&Young, KPMG, PWC e Deloitte), empresas com tradição na adoção de novas tecnologias e comoditização de serviços. Sobre a possível comoditização dos serviços jurídicos, Susskind (2013:28) descreve que "o trabalho jurídico é tão comum e rotineiro que pode ser disponibilizado em código aberto na internet".

possamos enxergar os rumos que tomará o setor *lawtech* (The Law Society, 2019:12) e o quão adaptados estarão – ou não – os escritórios, departamentos jurídicos, o Judiciário e as agências de governo que hoje operam no direito.

2

Lawtechs e custos de transação

Imagine-se um mundo sem Uber.[36] O que deve fazer alguém, que não possua carro, descontente com os serviços de transporte público (ônibus e metrô) e de táxi de sua cidade? Se o trajeto é longo, andar a pé dificilmente é uma opção. Imagine-se, nesse sentido, uma pessoa (um caroneiro) que, no Rio de Janeiro, desejando ir de Copacabana à Barra, por sua conta e risco, decida tentar utilizar o serviço de transporte de um motorista particular. O caroneiro espera o semáforo fechar e vai de carro em carro perguntando se tal ou qual motorista pretende fazer o trajeto – de Copacabana à Barra – e o quanto cobraria pela carona. Qual a chance de sucesso dessa empreitada? O primeiro problema que se põe é o da busca (procura) de alguém disposto a dar a tal carona. Não é despropositado pensar que: (1) o trajeto do caroneiro estaria fora dos planos da maioria dos motoristas; (2) muitos motoristas desconfiariam do caroneiro e não dariam a carona; e (3) mesmo os motoristas que não desconfiassem do caroneiro e fizessem o mesmo trajeto não gostariam, pura e simplesmente, de dar carona a ninguém, preferindo dirigir sozinhos seus veículos.

36 A Uber, inicialmente UberCab, foi fundada no não tão distante março de 2009 por Garrett Camp e Travis Kalanick, dois empreendedores de tecnologia, o primeiro canadense e o segundo norte-americano (Bacon, 2012).

Assuma-se, contudo, que o caroneiro, depois de meia hora de busca, ache um motorista disposto a lhe dar a carona. O motorista e o caroneiro pretendem ir ao mesmo ponto da Barra e, diante da insistência do caroneiro, o motorista vê ali a oportunidade de ganhar um bom dinheiro com um trajeto que, afinal, já faria de qualquer jeito. Superado o problema da busca da carona, o motorista e o caroneiro têm agora de negociar o preço da carona. Cabe saber: quanto vale essa carona? O caroneiro, lembre-se, está conversando com o motorista no intervalo de fechamento do semáforo. O caroneiro propõe R$ 30. Ocorre que o motorista sabe que esse valor é bem inferior ao que cobraria um taxista. O motorista contrapropõe, então, o valor de R$ 100. O caroneiro se pergunta: esse valor é razoável? Como saber se é razoável? O caroneiro também sabe que o preço é superior ao preço praticado por taxistas. Mas a carona será melhor que pegar um táxi? Será tão melhor a ponto de valer R$ 100?

Para continuar com o exemplo, imagine-se que o caroneiro, vendo que o semáforo abrirá logo, diga ao motorista que aceita o valor de R$ 100, propondo-se a pagar a metade no começo da viagem e a outra metade no final, com o que o motorista acaba por concordar. O caroneiro, então, entra no carro e paga a metade inicial combinada. As ruas passam e, pouco a pouco, o trajeto vai chegando ao fim. Nesse instante, no entanto, o caroneiro, sem nada dizer ao motorista, começa a pensar que os R$ 50 que pagou inicialmente são mais que suficientes por aquela viagem. A viagem está muito bem paga! O motorista, afinal, nem dirige tão bem. Anda muito devagar. E o carro nem ar-condicionado possui. Como se não bastasse, o motorista não gosta muito de conversar, o que, de certa maneira, ofende o caroneiro, que esperava um pouco mais de simpatia. No ponto combinado da Barra, o motorista para o carro e pede que o caroneiro lhe pague os R$ 50 faltantes. O caroneiro, no entanto, em lugar de pagar os outros R$ 50, salta do carro e desaparece sem remorsos. Considerando que o motorista não sabe o nome completo do caroneiro, onde ele mora nem qualquer outro dado que permita identificá-lo, o que pode fazer?

Esse exemplo, bastante caricato, permite uma interpretação econômica dos serviços prestados pelas plataformas de tecnologia mais populares da atualidade, entre elas a Uber (mas também o Facebook,[37] eBay, Tinder, iFood etc.). Que serviço presta a Uber? Seus motoristas dirigem os próprios carros, assumindo os riscos da direção; fazem seu próprio horário; escolhem em que região dirigir; nunca encontraram – nem encontrarão, é provável – um "funcionário" da Uber, com crachá e uniforme da empresa; nunca se dirigiram – nem se dirigirão, é também provável – ao prédio que sedia a Uber. Novamente: que serviço presta a Uber? Uma maneira de interpretar o serviço prestado pela Uber e por plataformas congêneres é a partir da ideia dos custos de transação. Boa parte das plataformas de tecnologia mais populares da atualidade – a Uber inclusive – tem como principal função reduzir os custos de transação entre compradores e vendedores (consumidores e fornecedores, famílias e empresas). Mas o que são custos de transação? O que é reduzir os custos de transação?

As economias dos países podem ser pensadas exclusivamente segundo o ponto de vista dos contratos que são nelas firmados. Mesmo a medida macroeconômica mais conhecida, o produto interno bruto (PIB), pode ser pensada pelo prisma dos contratos. O PIB, "como o valor de mercado de todos os bens e serviços finais produzidos em um país em dado período" (Mankiw, 2014:468), inclui "todos os itens produzidos na economia e vendidos legalmente nos mercados" (Mankiw, 2014:468). Como todos os itens vendidos nos mercados são também todos os itens comprados nos mesmos

37 Ainda que não aproxime compradores e vendedores – senão por meio de sua função *market* –, o Facebook reduz os custos de interação das "transações sociais". Como se faria, antes do Facebook, para encontrar aquele amigo de infância do qual não se tinha notícia há 30 anos?

mercados, o PIB pode ser calculado tanto pelo lado da oferta (itens vendidos) quanto pelo lado da demanda (itens comprados). Não é, então, desarrazoado pensar – de maneira aproximada – o PIB como uma medida, uma medição dos contratos de compra e venda – de bens e serviços finais, é verdade – firmados em uma economia em determinado intervalo de tempo.

E o que isso tem a ver com os custos de transação? E o que isso tem a ver com a Uber, com as plataformas digitais mais conhecidas atualmente e, sobretudo, com o tema deste livro: as *lawtechs*? Firmar contratos, contratar é algo custoso. Contratar não é algo que se dá sem custos. Para contratar, as partes de um contrato têm de fazer com que seus desejos se encontrem: aquela que pretende comprar tem de encontrar outra parte que queira vender o bem desejado pela primeira (o caroneiro, lembre-se, na ausência da Uber, teve de perder tempo procurando o motorista disposto a fazer o trajeto de Copacabana à Barra). Mais que isso, as partes de um contrato têm de negociar os termos do contrato (no exemplo do caroneiro, tratava-se de negociar o trajeto, o preço, a forma de pagamento). Mas não é só isso. As partes de um contrato, depois de se encontrarem e negociarem, têm de supervisionar a execução do contrato (no exemplo do caroneiro, cuidava-se de verificar a inexecução, sobretudo da metade final do pagamento acertado), inclusive aplicando penalidades caso necessário (o caroneiro fugiu e o motorista nada pôde fazer). Esses, portanto, são os chamados custos de transação:[38] (1) os custos de busca; (2) os custos de negociação; (3) os custos de supervisão (*enforcement costs*, na locução inglesa).[39]

---

[38] Na verdade, é possível estender o raciocínio dos custos de transação para que abranja quaisquer impedimentos à cooperação. É possível incluir na ideia de custos de transação a ocasional hostilidade entre as partes de um conflito de interesses, a assimetria de informações, o comportamento estratégico. Nesse sentido, ver Cooter e Ulen (2016:84-94).

[39] "Quais são os custos de transação? Eles são realmente insignificantes? Não podemos usar o teorema de Coase para entender o Direito sem responder a essas perguntas.

Dissemos que a Uber e as plataformas congêneres – Facebook, eBay, Tinder, iFood – reduzem os custos de transação. Fazem-no porque permitem que compradores e vendedores se encontrem com facilidade, diminuindo os custos de busca. Reduzem também os custos de negociação: um motorista da Uber tem de cobrar do passageiro exatamente o valor ajustado pelo aplicativo e tem de rumar precisamente ao destino selecionado pelo passageiro. Reduzem inclusive os custos de supervisão dos contratos. Pelo ângulo dos passageiros, para se tornar usuário da Uber é necessário realizar cadastro, informando seus dados pessoais (identificação, endereço etc.), o número de um cartão de crédito / débito válido – recentemente admitiu-se também a possibilidade de pagamento em dinheiro –, ficando o pagamento vinculado à conta do usuário desde o momento da confirmação da viagem. Pelo ângulo dos motoristas, os carros da Uber têm de atender a um número mínimo de exigências de qualidade, capazes de excluir uma boa parte dos veículos que rodam no Brasil.[40]

Mas, ainda no que concerne aos custos de supervisão, poder-se-ia argumentar em sentido contrário: pelo ângulo dos passageiros, é possível pagar em dinheiro; pelo ângulo dos motoristas, nada garante que o carro chamado pelo aplicativo será exatamente o carro que chegará para buscar o passageiro. Tudo isso é verdade. Aí, no entanto, entra outro mecanismo, de garantia dos contratos,

---

Os custos de transação são os custos de troca. Uma troca tem três etapas. Primeiro, um parceiro de troca deve ser localizado. Isso envolve encontrar alguém que queira comprar o que você está vendendo ou venda o que você está comprando. Segundo, uma barganha deve ser feita entre os parceiros de troca. Uma barganha é alcançada por negociações bem-sucedidas, que podem incluir a elaboração de um acordo. Terceiro, depois que uma barganha é alcançada, ela deve ser aplicada. A execução / *enforcement* envolve monitorar o desempenho das partes e punir violações do acordo. Podemos chamar as três formas de custos de transação correspondentes a essas três etapas de uma troca: (1) custos de localização, (2) custos de negociação e (3) custos de execução" (Cooter e Ulen, 2016:88, trad. livre).

40 Saiba mais sobre como dirigir com a Uber e veja quais carros são aceitos (Uber, 2018).

conhecido há muito tempo por economistas e pelos pesquisadores que trabalham com a teoria dos jogos: a reputação.[41]

A Uber e as plataformas congêneres trabalham com ferramentas de *rating* – as cinco estrelas da Uber; o número de amigos e a repercussão das postagens no Facebook; o percentual de *likes* no eBay; os *likes* por si mesmos e as curtidas, no Tinder; as cinco estrelas no iFood – e com mecanismos de denúncia por mau comportamento sem os quais, não é descabido imaginar, os negócios postos no mercado por essas plataformas dificilmente prosperariam. Os mecanismos de reputação, reduzindo os custos de supervisão, fazem com que os usuários confiem nas plataformas (aplicações) e, mais que isso, com que os usuários confiem uns nos outros. Um passageiro que deixe de pagar uma viagem ou um motorista que dirija um carro diferente do informado no aplicativo Uber não só serão denunciados por mau comportamento como também receberão avaliações baixas. É praticamente impossível fazer parte da Uber e das plataformas congêneres recebendo denúncias frequentes ou possuindo uma avaliação ruim (*i.e.*, baixa reputação).

Portanto, voltando ao que se disse acima: a Uber e as plataformas congêneres – Facebook, eBay, Tinder, iFood – reduzem os custos de transação. Reduzem os custos de busca, de negociação e de supervisão, permitindo que mais e mais contratos sejam firmados na economia e que mais e mais bens e serviços sejam produzidos, circulem, e que mais e mais bem-estar seja criado. Mas agora cumpre perguntar: qual a relação disso com o tema deste livro, as *lawtechs*?

Ora, também o direito, o ordenamento jurídico se relaciona com a ideia de custos de transação, e o faz de uma maneira muito especial.

---

41 Mecanismos de reputação têm o condão de forçar o adimplemento dos contratos porque estendem a duração dos jogos de barganha. Mesmo nos jogos de uma única etapa – como as viagens da Uber –, desde que vinculados por mecanismos de reputação, o cumprimento dos contratos passa a ser mais interessante que o descumprimento, porque ganham a aparência de jogos repetidos e com duração indefinida. Sobre o tema, ver Cooter e Ulen (2016:299-306).

Quando se fala em custos de transação, está-se a pagar pedágio, saiba--se ou não, ao economista Ronald H. Coase, ganhador do Prêmio Nobel de Economia em 1991. A intuição de Coase (1960), quando escreveu o artigo que deu origem ao teorema que ganha seu nome (teorema de Coase), foi a de que, quando não existirem custos de transação, os recursos escassos se deslocarão para seus usos mais valiosos – para as pessoas que os valorem mais – independentemente do que disserem as regras de direito. Isto é, na ausência de custos de transação, os mercados atingirão a eficiência alocativa independentemente do ordenamento jurídico – o direito apenas influi na distribuição dos recursos.[42]

Ocorre que um mundo sem custos de transação é um mundo ideal e idealizado. É uma espécie de céu da eficiência econômica. Mesmo alguém que deseje, do conforto de sua casa, comprar algo no eBay tem de acessar a internet (custo de transação), procurar o bem (custo de transação), escolher a forma de pagamento (custo de transação), aguardar o bem chegar (custo de transação), pegar o bem na portaria do seu prédio (custo de transação), verificar se o bem chegou em perfeito estado (custo de transação) e ocasionalmente reclamar de algum problema na entrega (custo de transação). E quando há custos de transação (no mundo real, sempre, ainda que eles possam ser diminutos), o direito, o ordenamento, as regras jurídicas passam a importar. Na existência de custos de transação, o modo como o direito assinala faculdades e obrigações, direitos e deveres, mandamentos e abstenções pode dificultar – ou facilitar – o firmamento dos contratos.

42 "De fato, Coase usou 'custos de transação' para abranger todos os impedimentos à negociação. Dada esta definição, a negociação necessariamente é bem-sucedida quando os custos de transação são zero. Podemos resumir tal resultado declarando esta versão do teorema de Coase: 'Quando os custos de transação são zero, um uso eficiente dos recursos resulta de negociação, independentemente da cessão legal dos direitos de propriedade'" (Cooter e Ulen, 2016:84-85, trad. livre).

Imagine-se que, de agora em diante, o Estado, intervindo de maneira descabida na vida privada dos indivíduos, institua um pesado tributo sobre o consumo de internet, sob o argumento de que as pessoas têm passado muito tempo nas redes sociais e de que todos trabalharão mais e o país crescerá mais com a instituição do tal tributo, porque ficarão menos tempo nas redes sociais. O consumidor que desejava comprar algo via eBay, é provável, pensará agora duas, três, cinco vezes antes de acessar a internet. Poderá, inclusive, optar por se dirigir a algum estabelecimento físico para adquirir o bem de que precisa ou mesmo optar por nada comprar. Deixando de lado a validade do fundamento do Estado para a criação do hipotético tributo, se o consumidor que pretendia usar a internet e o eBay valorar mais o bem que desejava comprar que o possível vendedor (valoração do comprador > valoração do vendedor),[43] ter-se-á de concluir que o direito nesse caso contribuiu para uma situação ineficiente. Um consumidor que desejava um bem e dispunha-se a pagar por ele deixou de consumir, deixou de contratar por causa do direito, em virtude da intervenção do Estado e da regra jurídica que instituiu o novo tributo sobre o consumo de internet.

Nesse exemplo, o direito – *i.e.*, a regra jurídica do novo tributo sobre o consumo de internet – afetou os custos de busca (procura). Outro exemplo pode deixar ainda mais clara a relação especialíssima do direito com a questão dos custos de transação. O Código Civil brasileiro estipula, no seu art. 108, que a forma pública – a escritura pública – é essencial à validade dos negócios que digam respeito a imóveis cujo valor supere 30 vezes o maior salário mínimo vigente no país. Essa regra pode ser encarada tanto como um custo de negociação quanto como um custo de supervisão.[44] É um custo de

43 Isto é, dispunha-se a pagar pelo bem mais que o mínimo pelo qual o vendedor dispunha-se a vendê-lo.

44 Não se pretende aqui discutir a fundo a razão política ou econômica dessa regra, nem sua eficiência. Ainda que consista em custo de transação, essa regra parece trazer, do ponto de vista econômico, ganhos sociais que possivelmente superam os custos de

negociação porque exige que as partes adotem determinada forma para que o negócio tenha validade. A forma pública do contrato é um custo com o qual as partes deverão arcar quando negociarem a compra e venda de um imóvel na praia, por exemplo. Contudo, é também um custo de supervisão porque se trata de um requisito de validade dos contratos. Sem a forma pública, um contrato de compra e venda de um imóvel cujo valor supere 30 vezes o maior salário mínimo vigente no Brasil não poderá ser levado a juízo.[45]

A estipulação de que determinados contratos se revistam da forma pública, no entanto, coloca ainda outro problema: são necessários intermediários. Pessoas que queiram comprar e vender imóveis terão de se valer dos serviços de um tabelião, que é o profissional competente para lavrar escrituras de compra e venda de imóveis. Mas a coisa não para por aí. O direito imobiliário brasileiro é eminentemente registral (art. 1.227 do Código Civil). O registro dos imóveis é, por assim dizer, a "certidão de nascimento" e a "ficha corrida" dos imóveis. Para que valham, devem-se averbar todas as situações jurídicas que afetem os imóveis (ônus reais do imóvel). Ocorre que a interpretação dessas situações jurídicas, a compreensão de cada uma das informações do registro não é fácil. Nem todo mundo sabe o que significam termos como "arresto", "preempção" ou mesmo "penhora". Não é raro, portanto, que as partes de um contrato imobiliário, antes de fechar o negócio, consultem advogados para saber se podem fazê-lo e se no futuro não serão surpreendidas por um mandado de imissão na posse ou algo do tipo. Como intermediários nos negócios, tabeliães,

---

transação que impõe às partes. A forma pública dos contratos permite, por exemplo, que terceiros interessados tenham acesso aos contratos arquivados junto às escrivanias públicas, o que, em complemento aos registros de imóveis, confere segurança jurídica às relações jurídico-econômicas. Aí está um dos benefícios sociais da forma pública dos contratos sobre imóveis: o incremento da segurança jurídica. Se esse benefício superar os custos de transação da forma pública dos contratos sobre imóveis, possivelmente a regra da forma pública dos contratos será eficiente do ponto de vista econômico.

45 Ou melhor: o contrato até poderá ser discutido em juízo, mas uma das partes terá a defesa da invalidade do contrato pela não observância da forma prescrita em lei.

registradores e advogados também podem (devem) ser encarados como custos de transação. Se para fechar um negócio as partes de um contrato tiveram de desembolsar honorários e emolumentos é porque o direito, o ordenamento jurídico onerou o firmamento de um contrato, dificultou a cooperação entre partes que desejavam por si sós resolver seus negócios privados de maneira eficiente.[46]

É a partir dessas ideias que se pode pensar no papel das *lawtechs* na redução dos custos de transação. E se as partes não precisassem de advogados nem de tabeliães? Mas como? Acabando com o sistema de registro de imóveis? E onde fica a segurança jurídica dos negócios imobiliários? Alguém poderia perguntar.

Na verdade, espera-se que, com as tecnologias atuais – e sobremaneira com o que elas prometem entregar num futuro próximo –, a segurança jurídica dos negócios aumente ao mesmo tempo que diminua a necessidade de intermediários nos contratos. As ferramentas de *blockchain*, por exemplo, prometem revolucionar os negócios imobiliários, registrais por excelência, da mesma maneira que o fizeram

---

[46] Toda essa argumentação é bastante simplória e serve apenas para ilustrar a relação da ideia de custos de transação com as *lawtechs*. Na perspectiva da AED, o direito registral pode ser pensado como um meio de dinamizar os negócios privados, deixando claras as titularidades (os *property rights*) dos proprietários de imóveis. Ou seja, o direito registral, como custo de transação, compensa: evita disputas futuras a respeito das titularidades sobre os imóveis. Sobre o tema: "Existe uma extensa literatura sobre jogos de barganha, incluindo um grande número de experimentos cuidadosamente construídos testando o teorema de Coase. Uma das conclusões mais robustas desses experimentos é que os negociadores são mais propensos a cooperar quando seus direitos são claros, e menos propensos a concordar quando os direitos em jogo não são bem definidos. Em termos mais formais, os jogos de barganha são mais fáceis de resolver quando os custos são de conhecimento dos agentes. O direito das partes define seus valores de ameaça em disputas legais. Uma implicação dessa descoberta é que o direito de propriedade deve fornecer critérios para determinar a propriedade. A prescrição de direitos de propriedade é eficiente ao tornar os direitos claros e simples. Por exemplo, um registro público de reivindicações de propriedade evita muitas disputas e facilita a solução para as que surgem. Da mesma forma, é fácil confirmar o fato de alguém ter ou não um direito de propriedade. [...] Por outro lado, direitos de propriedade pouco claros são um grande obstáculo à cooperação e uma das principais causas de desperdício de recursos" (Cooter e Ulen, 2016:89, trad. livre).

com o setor monetário. Tendo como principais características (1) a realização de transações em tempo real (*near real-time transactions*), (2) a desnecessidade de um indivíduo que testemunhe e certifique a ocorrência de uma transação (*trustless environment*), (3) a alta capacidade de distribuição da tecnologia entre os transatores (*distributable ledger*), (4) a irreversibilidade dos negócios (*irreversibility*) e (5) a resistência a ataques externos (*censorship resistant*) (Deloitte, 2017), as tecnologias de *blockchain* podem praticamente assumir funções de tabeliães e registradores nos negócios imobiliários. Se somarmos o *blockchain* à ideia de *smart contract* (SC)[47] – contratos desenhados de maneira automática (sem a participação de um ser humano) a partir de respostas a algumas perguntas pelas partes interessadas em contratar –, a capacidade que *lawtechs* têm de reduzir custos de transação ficará ainda mais patente.

Falou-se da possível disrupção pelas *lawtechs* dos serviços prestados por tabeliães e registradores.[48] Mas a coisa não para por aí. Os serviços prestados por advogados, na condição de intermediários dos contratos, talvez estejam ainda mais sujeitos à disrupção pelas *lawtechs*. Plataformas já bastante difundidas, inclusive no Brasil,[49] de difusão do conhecimento jurídico (faça você mesmo, *do-it-yourself*, *DIY law*) tendem a reduzir a demanda pelo conhecimento jurídico de um profissional especializado, sobremaneira em situações de baixa complexidade.

A tecnologia mais promissora – e ameaçadora aos advogados – é o advogado-robô ROSS, da IBM (o qual, registre-se, ainda não está disponível ao consumidor amplo, mas apenas a grandes escritórios

---

47 Um provedor bastante citado desse serviço é o ShakeLaw. Outros com funções próximas são o LegalZoom e o Rocket Lawyer.

48 "No Brasil, a *blockchain* já tem sido adotada para tornar disponíveis serviços de autenticação de documentos. Um dos pioneiros é o Cartório Azevedo Bastos, localizado em João Pessoa (PB)" (Andrighi, 2018:610); "em parceria com uma *start-up* denominada OriginalMy, o cartório oferece o serviço de autenticação digital para pessoas jurídicas por meio de uma rede Blockchain" (Porto, Lima Junior e Silva, 2019:16).

49 O caso mais notável no país parece ser o JusBrasil.

de advocacia). Trata-se de uma aplicação com capacidade de processamento de linguagem natural bastante avançada, capaz de oferecer respostas jurídicas a partir de perguntas do usuário. Se fosse só isso, não seria de espantar. O que realmente impacta nessa tecnologia é sua capacidade de aprendizagem e, como consequência, de oferecer respostas cada vez mais pontuais e precisas às demandas do usuário em reduzidíssimo espaço de tempo. Sequer são necessárias perguntas formuladas com termos técnicos muito precisos. Quando chegar ao consumidor amplo, essa tecnologia, é provável, dispensará a maioria dos serviços jurídicos e poderá se colocar no lugar de boa parte dos advogados.[50]

Até este momento, encarou-se a relação das *lawtechs* com a questão dos custos de transação por uma perspectiva interna (ao sistema jurídico). Encararam-se as regras jurídicas como criadoras de custos de transação, a exigir a participação de intermediários nos contratos, nos negócios privados, quer para os validar (tabeliães e órgãos de registro), quer para os tarimbar com conhecimento especializado (advogados). É, contudo, possível pensar na relação entre *lawtechs* e custos de transação a partir de um ponto de vista externo, isto é, é possível pensar

---

[50] "O quinto e último grupo de *startups* de *legal tech* são sistemas legais de inteligência artificial. Como parte da inovação do programa NewLaw Labs, um laboratório de inovação lançado pelo escritório de advocacia global Dentons, os alunos da Universidade de Toronto desenvolveram o ROSS, uma solução artificial inteligente para advogados, baseada no famoso conhecimento cognitivo do IBM Watson. O IBM Watson é um sistema de inteligência artificial capaz de analisar a linguagem natural, processando grandes quantidades de informações em alta velocidade e fornecendo respostas combinadas com níveis de confiança. Em resposta a perguntas legais simples, o ROSS conduzirá uma pesquisa jurídica em fontes legais relevantes, combinando o conteúdo de documentos legais com o conteúdo de seu banco de dados por meio de software avançado de reconhecimento de padrões, em vez de usar pesquisas baseadas em palavras-chave, como fazem muitas pesquisas legais ou ferramentas de revisão de documentos. Além disso, o ROSS pode ser treinado, recebendo mais informações legais e fornecendo-as com indicações sobre a relevância de seus resultados. Ao mesmo tempo, o ROSS pode pesquisar continuamente por si só e notificar seu usuário sobre novos desenvolvimentos em determinadas áreas de atuação ou similares, assumindo o papel de assistente de pesquisa" (Andreae, 2017, trad. livre).

na relação entre *lawtechs* e custos de transação encarando o serviço prestado pelos profissionais do direito como qualquer outro serviço.

Os custos de transação, a partir de um ângulo externo, verificam-se na relação entre consumidor (cliente) e fornecedor (advogado). Nesse caso, o mercado jurídico parece estar mais próximo ainda de ser revolucionado pelas *lawtechs*. Tecnologias que aproximam clientes e advogados – *à la* Uber – como Legal.io e Lexoo já estão bem estabelecidas nos mercados de língua inglesa. Ainda: tecnologias de revisão documental (Kira, Ebrevia), de administração de casos (CaseMap e, no Brasil, o CPJ), de gestão de contratos (Agiloft, Concord), de *analytics* (LexMachina), de gestão de propriedade intelectual (Anaqua, Lecorpio, AcclaimIp, Trademarknow) já se mostram indispensáveis, ao menos nos grandes escritórios, em que a demanda é alta e a automatização é inevitável. E, se os advogados ainda são intermediários necessários nos negócios privados das partes (se o ROSS ainda não atingiu todo o seu potencial de substituição de boa parte dos advogados), a redução dos custos dos advogados significa a redução dos custos de transação entre os atores privados.

Uma provocação não parece despropositada nesta altura: seriam os advogados os novos taxistas?[51] O que acontecerá quando

---

[51] A provocação é extremada, é verdade, mas não é descabida. Ainda que alguns serviços jurídicos, ao menos num futuro não tão remoto, não se mostrem suscetíveis à ruptura tecnológica, parece certo que a maioria dos serviços hoje prestados por advogados mostrar-se-á desnecessária em breve. Nesse sentido: "Nos próximos anos, eu prevejo que advogados convencionais não serão tão proeminentes na sociedade como hoje. Os clientes não estarão dispostos a pagar consultores jurídicos caros pelo trabalho que pode ser realizado por pessoas menos especializadas, mas apoiadas por sistemas inteligentes e processos-padrão. Essa previsão não indica inteiramente o fim dos advogados, mas aponta para a necessidade de menos advogados tradicionais. Ao mesmo tempo, quando sistemas e processos desempenham um papel mais central no direito, isso abre a possibilidade de novas formas importantes de serviço jurídico e de novos empregos empolgantes para os advogados que são suficientemente flexíveis, de mente aberta e empreendedores para se adaptarem às mudanças nas condições do mercado" (Susskind, 2017:28-29, trad. livre). Susskind não para por aí. Quando o assunto é a relação entre direito e tecnologia, o autor identifica duas espécies de profissionais: os protetores benevolentes (do

os serviços jurídicos forem revolucionados de maneira irreversível? Saber o que acontecerá com o mercado jurídico dependerá, como visto no capítulo 1, da posição dos reguladores do mercado, do financiamento do setor, da possibilidade de *players* externos atuarem nas jurisdições nacionais, de fatores culturais. O que parece certo, no entanto, é que não só os serviços dos advogados estão próximos de ser modificados de maneira irreversível pela tecnologia, como também as atividades dos juízes e tribunais, adjudicadores por excelência dos conflitos sobre recursos escassos, estão a ser afetadas pelas *lawtechs*.

Fazem-se cada vez mais presentes na vida das pessoas, sobretudo na Europa, as aplicações de ODR, que podem assumir as formas de mediação, conciliação e mesmo de adjudicação de conflitos. Este

---

conhecimento jurídico) e os guardiães invejosos. Os primeiros creem que seu papel é cultivar o direito e torná-lo acessível ao maior número de pessoas. Os segundos buscam construir barreiras de acesso ao conhecimento jurídico, a fim de preservar o monopólio das informações nas quais foram treinados. Susskind conclui lembrando que o propósito do direito não é dar sustento aos advogados, mas suprir as necessidades de regramento das sociedades. Textualmente: "Coloco de uma forma um pouco diferente. Observo, na lei, que há dois campos distintos (e alguns intermediários): os zeladores benevolentes e os guardas ciumentos. Os zeladores benevolentes são aqueles que, de acordo com a concepção de profissionalismo que acabamos de observar, consideram seu dever cuidar da lei e torná-la viável e acessível aos membros da sociedade. Eles são a interface entre os leigos, a lei e se esforçam para serem amigáveis. Em contraponto, os guardas invejosos devem cercar áreas de prática jurídica e torná-las sua prioridade exclusiva, quer a atividade realmente exija ou não a experiência de advogados e com pouca consideração ao impacto desse *quasi*-protecionismo sobre a acessibilidade e disponibilidade de serviço jurídico. Nos Estados Unidos da América, quando os advogados se opõem ao serviço jurídico *online* que ajuda cidadãos e alegam que os fornecedores estão envolvidos em práticas não autorizadas pela lei, frequentemente, vemos esse segundo campo em ação. A falsidade de suas afirmações – de que sua principal preocupação é o acesso à justiça ou a proteção dos interesses de seus clientes – me faz estremecer. Na verdade, para muitos (porém não para todos) a principal preocupação são eles próprios e as ameaças à sua renda e autoestima. [...] Como costumo relembrar aos advogados, a lei não existe para garantir o sustento dos advogados do [mesmo modo] que a saúde precária [não] existe para oferecer o sustento dos médicos. Não é o propósito da lei manter os advogados nos negócios. O propósito dos advogados é ajudar e apoiar as necessidades da sociedade em relação à lei" (Susskind, 2017:194-195, trad. livre).

capítulo não tem por objetivo tratar de maneira aprofundada essas tecnologias. Sua ligação com a questão dos custos de transação, de qualquer forma, parece clara: os custos de se litigar também são custos de transação. Em última análise, do ponto de vista da economia, não existe diferença entre um conflito de interesses sobre um recurso escasso que termina em acordo, sem a necessidade de mediação, conciliação e adjudicação, e um conflito de interesses que exige a resolução por um juiz ou tribunal. Em ambos os casos, o conflito é um conflito de interesses sobre um recurso escasso, sobre um bem da vida. As ODRs, portanto, também podem reduzir os custos das transações privadas, quer aproximando as partes do conflito, quer reduzindo o custo de administrar conflitos (rodar uma aplicação em larga escala é mais barato que pagar salários de juízes, desembargadores e ministros).

Vale a pena mencionar, nesse sentido, a aplicação da ODR líder de mercado na Alemanha no setor aéreo, Flighright.de, que já fez valer indenizações, em favor de mais de 600 mil consumidores, que superam os € 60 milhões (Andreae, 2017). No Brasil, por outro lado, chama a atenção a utilização das tecnologias da informação e da internet pela Federação Brasileira dos Bancos (Febraban) na resolução amigável da discussão atinente aos planos econômicos das décadas de 1980 e 1990 (expurgos inflacionários). Contando com a participação de 16 bancos[52] e de cinco entidades,[53] o

52 São eles: Associação de Poupança e Empréstimo – Poupex; Banco Bradesco S.A.; Banco Citibank S.A.; Banco da Amazônia S.A.; Banco do Brasil S.A.; Banco do Estado do Rio Grande do Sul S.A. (Banrisul); Banco do Nordeste do Brasil S.A. (BNB); Banco Safra S.A.; Banco Santander (Brasil) S.A.; Banco do Estado de Sergipe S.A. (Banese); Banco do Estado do Espírito Santo (Banestes S.A.); Banco do Estado do Pará (Banpará); Banco de Brasília S.A. (BRB); Caixa Econômica Federal; China Construction Bank (Brasil) Banco Múltiplo S.A. (CCB Brasil); e Itaú Unibanco S.A.

53 As entidades acordantes são: Advocacia Geral da União (AGU), como mediadora; Banco Central do Brasil (Bacen), como interveniente; Instituto Brasileiro de Defesa do Consumidor (Idec), na condição de representante dos poupadores; Federação Brasileira dos Bancos (Febraban), como representante dos bancos; e Frente Brasileira pelos Poupadores (Febrapo), também representante dos poupadores. O acordo, vale notar, foi homologado pelo Supremo Tribunal Federal em março de 2018.

sistema de acordos da Febraban serve-se de um portal eletrônico (www.pagamentodapoupanca.com.br), por meio do qual os poupadores interessados em solucionar suas demandas amigavelmente e receber as compensações respectivas de maneira célere podem se cadastrar e apresentar os documentos necessários para a adesão e o recebimento dos ressarcimentos. Realizada a adesão – que pode se dar pelo advogado ou pela própria parte, sendo, neste último caso, o advogado notificado pelo portal para assinar eletronicamente o termo de adesão – e apresentados os documentos, as instituições financeiras têm prazos que vão de 60 a 120 dias para confirmar a habilitação do poupador, momento a partir do qual passa a correr o prazo de 15 dias para o recebimento da parcela única ou da primeira parcela dos valores acordados.[54] Segundo a Febraban, até janeiro de 2019 a plataforma já havia recebido mais de 117 mil pedidos de cadastramento, sendo responsável por quase 17 mil acordos fechados e cumpridos (Marcos, 2019) (valores pagos integralmente ou aprazados, se o pagamento tiver de ser feito em parcelas).[55]

Se, como prevê Richard Susskind (apud Andreae, 2017), as ODRs se tornarem o principal meio de resolução de conflitos, o pior cenário parece aquele em que não só os advogados mas também os juízes e desembargadores venham a marchar nas ruas das capitais contra a Skynet do direito.

---

[54] As regras para recebimento são as seguintes: quem tiver direito a até R$ 5 mil receberá à vista; quem fizer jus a valor que vai de R$ 5 mil a R$ 10 mil receberá uma parcela à vista e duas semestrais; compensações que superem os R$ 10 mil serão pagas em uma parcela à vista e quatro semestrais. Quando se tratar de execução baseada em ação civil pública promovida entre 1/1/2016 e 31/12/2016, o pagamento se dará em uma parcela à vista e seis semestrais. A correção dos pagamentos semestrais ocorre pelo IPC-A.

[55] Nem o sistema nem os acordos, entretanto, estão imunes a críticas. Tem-se apontado que o sistema é muito exigente em termos de documentação e dados, rejeitando os pedidos de habilitação por quaisquer incompletudes ou erros simplórios de digitação. Quanto aos acordos, os poupadores têm reclamado dos descontos aplicados aos valores dos quais se dizem titulares. O portal, cumpre registrar, dispõe de um simulador de valores a receber, a partir do qual os poupadores podem saber previamente se o acordo lhes será interessante ou não. A respeito das críticas, ver Marcos (2019).

3

Considerações introdutórias acerca das *online dispute resolutions* (ODRs)

A classificação dos bens, no direito, é tradicionalmente realizada pelo direito civil. Nesse sentido, as regras dos arts. 79 a 103 do Código Civil de 2002 dividem os bens em móveis e imóveis (arts. 79 a 84); fungíveis e consumíveis (e infungíveis e não consumíveis; arts. 85 e 86); divisíveis (e indivisíveis; arts. 87 e 88); singulares e coletivos (arts. 89 a 91); principais, pertenças e benfeitorias (arts. 92 a 97); e públicos e privados (arts. 98 a 103). A economia, no entanto, não segue quaisquer desses critérios. Os critérios mais conhecidos em economia para classificar os bens são: rivalidade e exclusão.

Um bem rival é aquele cujo uso implica a redução de suas utilidades. Quando um bem é rival, se alguém o usa, suas possibilidades de uso restam reduzidas para as outras pessoas. Um bem excludente, de outra parte, é aquele de cujo uso as pessoas podem ser afastadas, impedidas. Quando um bem é excludente, é possível afastar do seu uso aqueles que não pagaram para utilizá-lo.[56]

---

56 "Os mercados conseguem proporcionar adequadamente os bens que as pessoas querem? A resposta a essa questão depende do bem considerado. Como discutimos no capítulo 7, um mercado pode oferecer a quantidade eficiente de sorvetes de casquinha: o preço do sorvete se ajusta para equilibrar oferta e demanda, e esse equilíbrio maximiza a soma dos excedentes do consumidor e do produtor. Mas, como discutimos no capítulo 10, não podemos confiar que o mercado impeça os produtores de alumínio de poluir o ar que respiramos: os compradores e vendedores em um mercado normalmente

A conjugação dos critérios de rivalidade e exclusão produz quatro espécies de bens: (1) bens privados, que são rivais e excludentes; (2) bens públicos, que não são nem rivais nem excludentes; (3) recursos comuns, que são rivais, mas não são excludentes; e (4) bens de clube (bens artificialmente escassos), que não são rivais, mas são excludentes. Exemplos clássicos da literatura são (1) de bens privados: sorvetes de casquinha, roupas e estradas com pedágio congestionadas; (2) de bens públicos: sirenes de tornado, defesa nacional e estradas com pedágio e sem congestionamento; (3) de recursos comuns: peixes no mar, o meio ambiente e estradas sem pedágio congestionadas; e (4) de bens artificialmente escassos: proteção contra incêndio, TV a cabo e estradas com pedágio e sem congestionamento.[57]

---

não levam em consideração os efeitos externos de suas decisões. Assim, os mercados funcionam bem quando se trata de sorvete, mas funcionam mal quando o bem é ar puro. Ao se pensar nos diversos tipos de bens existentes na economia, é útil agrupá-los segundo duas características: O bem é excludente? As pessoas podem ser impedidas de usá-lo? O bem é rival? O fato de uma pessoa usar um bem reduz a possibilidade de que alguém mais possa usá-lo?" (Mankiw, 2014:204).

57 "Com base nessas duas características, a figura 1 divide os bens em quatro categorias: 1. Os bens privados são tanto excludentes quanto rivais. Considere um sorvete de casquinha, por exemplo. Ele é excludente porque é possível impedir que uma pessoa o tome – é só não dar o sorvete a essa pessoa. E o sorvete de casquinha é rival porque, se uma pessoa tomar um sorvete, outra não poderá tomar o mesmo sorvete. A maioria dos bens da economia é composta de bens privados, como os sorvetes de casquinha. Você não receberá se não pagar: depois que recebe, é a única pessoa que se beneficia. Quando analisamos oferta e demanda nos capítulos 4, 5 e 6 e a eficiência dos mercados nos capítulos 7, 8 e 9, admitimos implicitamente que os bens são tanto excludentes quanto rivais no consumo. 2. Os bens públicos não são nem excludentes nem rivais. Ou seja, as pessoas não podem ser impedidas de usar um bem público, e, quando uma pessoa usa um bem público, isso não reduz a disponibilidade dele, podendo ser utilizado por outras pessoas sem prejuízo de nenhuma delas. Por exemplo, uma sirene de tornado de uma pequena cidade é um bem público. Quando a sirene soa, é impossível impedir que alguém a ouça (então não é excludente). E, quando alguém recebe o benefício do sinal de perigo, isso não reduz o benefício conferido aos demais habitantes (não é rival). 3. Os recursos comuns são rivais, mas não excludentes. Por exemplo, os peixes no mar são bens rivais: quando alguém pesca um deles, há menos peixes disponíveis para a próxima pessoa que for pescar. Mas os peixes não são bens excludentes, porque, dada

A classificação econômica dos bens pode oferecer *insights* interessantes para o estudo do direito e, especialmente, das *lawtechs*. A manifestação prática mais conhecida do direito são os litígios. E o meio mais comumente utilizado para a solução dos litígios são os processos judiciais, discutidos perante o Poder Judiciário (juízes, desembargadores e ministros). Tendo em conta a classificação econômica dos bens traçada acima, a primeira pergunta que cabe fazer é a seguinte: em que espécie de bem consiste o trabalho realizado por um juiz, por um desembargador, por um ministro (e também por um árbitro, por um mediador, por um conciliador)? Resposta: o trabalho realizado por qualquer um desses profissionais, a rigor, é um bem privado.[58] Isto é, adjudicar, mediar, conciliar ou arbitrar um conflito são atitudes que se configuram como bens privados.[59] Mas por quê?

Em primeiro lugar, porque o trabalho realizado por um juiz, por um desembargador ou por um ministro toma tempo, sendo o tempo um recurso escasso. Para julgar uma causa, um julgador tem de abrir mão do seu tempo e se colocar à disposição das partes de um litígio. Colocando-se, no entanto, à disposição das partes de um litígio, um

---

a vastidão do mar, é difícil impedir que os pescadores retirem peixes dele. 4. Os bens artificialmente escassos são excludentes, mas não são rivais. Considere, por exemplo, a proteção contra incêndios numa cidade pequena. É fácil excluir as pessoas do uso desse bem: os bombeiros podem simplesmente permitir que a casa delas queime até o fim. Mas a proteção contra incêndio não é rival. Quando uma cidade paga pelos serviços do corpo de bombeiros, o custo adicional da proteção de uma casa a mais é pequeno" (Mankiw, 2014:204-205).

[58] Nesse sentido, ver Araújo (2014).

[59] "A justiça, tida como valor social, é um bem público, isto é, um bem não rival e não excludente. Não rival porque seu consumo não é diminuído com a utilização por mais de um agente econômico – ou seja, é possível que uma pessoa usufrua da justiça sem prejuízo da fruição pelas demais –, e não excludente pois é impossível, para o ofertante de justiça, impedir fisicamente que alguém seja beneficiado por ela. A noção abstrata de justiça distingue-se da prestação jurisdicional ou dos serviços prestados por mecanismos de ADR, bens privados, justamente por serem excludentes e rivais" (Arbix, 2017:40-41).

juiz deixa de se colocar à disposição das partes de outros litígios. Por essa perspectiva, o trabalho de um julgador é um bem rival. O tempo despendido para julgar uma causa consiste em menos tempo para julgar as demais (rivalidade no uso). Em segundo lugar, o trabalho realizado por um juiz, por um desembargador ou por um ministro é um bem privado porque há exclusão. É possível excluir do trabalho de um julgador quem não pagar por esse trabalho.

Ora, mas como se diz aqui que há exclusão se o Brasil assegura o mais amplo acesso à Justiça aos seus cidadãos (art. 5º, XXXV e LXXIV, da Constituição Federal)?[60] O acesso à Justiça não seria, em última análise, um bem não excludente? Sim e não. O regime jurídico de amplo acesso à Justiça, de fato, acaba por tornar o trabalho realizado por juízes e demais profissionais do Judiciário (adjudicação de conflitos) um bem não excludente. Mas aí trata-se de uma decisão política; não se trata de uma característica estrutural do trabalho dos profissionais do Judiciário. O Brasil, em uma decisão política, optou por financiar seu sistema público de Justiça por meio de tributação e tornar o acesso à Justiça universal, inclusive para quem não possa pagar. Ou seja, por meio de uma decisão política, o Brasil universalizou o acesso à Justiça, transformando um bem que é estruturalmente privado (rival e excludente) em um recurso comum (não excludente, mas rival). A constituinte de 1988 tornou o acesso à Justiça um recurso comum.

Deixando de lado o problema da exclusão, cabe notar que a característica de bem rival, que é a que mais interessa nesta breve introdução, ficava bastante evidente quando os processos judiciais

---

60 "Art. 5º. Todos são iguais perante a lei, sem distinção de qualquer natureza, garantindo-se aos brasileiros e aos estrangeiros residentes no País a inviolabilidade do direito à vida, à liberdade, à igualdade, à segurança e à propriedade, nos termos seguintes: [...] XXXV - a lei não excluirá da apreciação do Poder Judiciário lesão ou ameaça a direito; [...] LXXIV - o Estado prestará assistência jurídica integral e gratuita aos que comprovarem insuficiência de recursos".

corriam em autos físicos (em cadernos processuais). Advogados nem tão antigos lembram-se – com poucas saudades, é verdade – das secretarias dos juízos lotadas de autos processuais, acumulados sobre mesas, cadeiras e, não raro, em pilhas que iam do chão ao teto. A mudança veio com o processo judicial eletrônico, introduzido no Brasil pela Lei nº 11.419/2006. Com o sistema eletrônico, os processos judiciais não mais se desenrolam em autos físicos. No processo eletrônico, os atos processuais constituem-se de arquivos eletrônicos, guardados em servidores destinados ao armazenamento de dados informáticos e passíveis de acesso pela internet.

Nessa perspectiva, é possível então dizer que o processo judicial eletrônico reduziu a demanda por espaços, mas, note-se bem, não retirou a qualidade de bem rival do trabalho realizado por juízes, desembargadores, ministros (e também por árbitros, conciliadores, mediadores). Hoje, em lugar de as secretarias dos juízos ficarem lotadas de cadernos processuais, são as caixas de entrada de juízes e servidores que estão cheias de processos para movimentar e julgar. O manuseio de processos eletrônicos, é verdade, parece ser mais prático que o manuseio dos autos em papel. Do ponto de vista do manuseio dos autos dos processos, parece possível dizer que o processo judicial eletrônico reduziu um pouco a rivalidade no uso (do trabalho dos julgadores). O processo judicial eletrônico reduziu a demanda por espaço físico e facilitou o manuseio dos processos. Mas a rivalidade no uso ainda permanece vigorosa. Mesmo na existência do processo eletrônico, juízes e servidores têm de se desdobrar para movimentar e julgar um a um os processos que lotam suas caixas de entrada.

E o que isso tem a ver com o tema deste capítulo? Qual a relação da rivalidade no uso de um bem com as *lawtechs*? Ora, uma das espécies mais discutidas – e festejadas – de tecnologia jurídica (*lawtech*) é a ODR – ou melhor, são as ODRs, já que, como se verá, existem várias espécies delas –, acrônimo para *online dispute resolution* (resolução de disputas *online*). Trata-se do uso das tecnologias da informação para a solução de litígios.[61] De que modo? Existem ODRs de diversos tipos, entre os quais:

- ODRs públicas e privadas;[62]
- ODRs nas quais há e nas quais não há a participação de um ser humano externo ao conflito (uma *neutral third party*, na expressão em inglês;[63]
- ODRs destinadas à resolução de litígios advindos do comércio *online* e de litígios resultantes do comércio *offline*;[64]
- ODRs para a resolução negociada de conflitos, que aproximam compradores (consumidores) e vendedores e comparam propostas e contrapropostas com vistas a se chegar

61 Se for adotado um conceito amplo de ODR, o próprio processo eletrônico poderia ser tido por ODR. O conceito de ODR aqui, contudo, é mais restrito. ODRs para o presente capítulo são as tecnologias extrajudiciais de solução de litígios. ODRs são ADRs (*alternative dispute resolutions*) que dependem fortemente das tecnologias da informação. Deixa-se de fora do conceito de ODR o processo judicial eletrônico para que fiquem mais claras as vantagens das ODRs em face dos meios tradicionais de solução de litígios. Arsdale (2015:109) adota um conceito de ODR semelhante: "*Online dispute resolution* (ODR) é uma forma emergente de ADR. Ela adapta métodos tradicionais de ADR para utilizar tecnologia, como tecnologias de comunicação digital, para ajudar as pessoas a resolver disputas fora do processo litigioso. Embora a ODR compartilhe muitos recursos com a ADR em geral, seu componente tecnológico dá origem a um conjunto único de benefícios e armadilhas" (trad. livre).

62 "Uma distinção básica entre plataformas públicas e privadas de ODR é que as plataformas privadas geralmente são financiadas pelos setores do mercado e operadas com fins lucrativos, enquanto as plataformas públicas são, em regra, sem fins lucrativos, com aporte de financiamento público ou apoiado judicialmente" (Arsdale, 2015:120, trad. livre).

63 "Terceiros neutros são especialistas na área específica da disputa, o que pode eliminar a necessidade de advogados e de testemunhas especializadas ou peritos, por exemplo. Quando métodos consensuais de ODR são usados, as regras de evidência não se aplicam; portanto, os procedimentos são mais flexíveis e as partes não precisam ser representadas por um advogado" (Cortés, 2011:57, trad. livre).

64 O consumidor.gov, por exemplo, do qual já se falou neste livro, admite reclamações sobre compras em ambientes *online* e *offline*.

a um ponto intermediário entre as pretensões das partes conflitantes;[65]

- ODRs nas quais o único meio de prova admitido são documentos e ODRs nas quais se toma depoimento de partes e testemunhas;[66]
- ODRs que medeiam e conciliam as partes dos conflitos;
- ODRs que adjudicam conflitos com ou sem a participação de seres humanos;[67]

---

65 "Os sistemas automatizados de negociação para resolução de disputas divergem mais dos outros processos tradicionais de ADR. Onde um problema não requer a flexibilidade de um humano neutro, algoritmos podem ser projetados e implementados em ferramentas de software de ODR para resolver disputas com processos de ADR totalmente automatizados. O lance duplo cego é o sistema de negociação automatizado mais popular. Na licitação cega dupla, as partes já concordaram que os recursos monetários e demais compensações são devidos, apenas não determinaram qual o seu valor. As partes submetem ofertas e demandas em um sistema automatizado e em várias rodadas. Os montantes geralmente não são divulgados para o lado oposto; pelo contrário, o software compara os valores de liquidação oferecidos e aceitáveis em cada rodada. Se uma oferta for maior que a demanda, a disputa será resolvida. Se os dois valores estiverem suficientemente próximos, de acordo com os parâmetros de liquidação escolhidos pelas partes (por exemplo, dentro de US$ 1 mil uma da outra ou quando a oferta não excede 5% a menos que a demanda), o caso é resolvido pela média aritmética. Caso contrário, a licitação prosseguirá para a próxima rodada. Esse tipo de negociação automatizada é limitado a lidar com interesses puramente numéricos e patrimoniais, como distribuição de dinheiro em disputas de seguros" (Arsdale, 2015:113, trad. livre).

66 "Na arbitragem de documentos, o árbitro toma uma decisão baseada apenas em documentos enviados pelas partes. A dependência apenas de documentos, em vez de testemunhos ou discussões ao vivo, faz a arbitragem de documentos adequada para ODR, em que os usuários podem iniciar processos com facilidade, enviar documentos, comunicar-se com o árbitro e receber uma decisão totalmente *online*" (Arsdale, 2015:112, trad. livre).

67 "As plataformas de ODR são modeladas com base nos mecanismos tradicionais de RAM, como arbitragem, conciliação e mediação. Os processos e interações parecem semelhantes, mas usam tecnologias diferentes. Como nas ADR tradicionais, a participação em um processo não vinculativo de ODR não impede que os disputantes prossigam seu processo judicial – esses métodos de resolução de controvérsias podem ser usados antes, durante ou após a ação judicial, embora as questões que sejam resolvidas por decisões vinculativas não possam ser contestadas (ao menos não no Judiciário). Eles também tendem a ser menos formais do que litígios judiciais" (Arsdale, 2015:111, trad. livre).

- ODRs com caráter adversarial e ODRs de direito cooperativo ou colaborativo;[68]
- ODRs limitadas a determinados ambientes virtuais e ODRs que prestam serviços ao público amplo (quaisquer empresas e consumidores).[69]

Os campos sobre os quais as ODRs se debruçam vão desde comércio físico e eletrônico até registro de nomes, disputas familiares e mesmo rapto de crianças.[70]

---

68 "No direito colaborativo e cooperativo, advogados e outros profissionais trabalham em conjunto com todas as partes para incentivá-las a desenvolver e resolver suas posições sobre um assunto. Esses são processos não contraditórios, comumente usados em disputas de direito da família. Ao contrário dos avaliadores, os membros da equipe não fazem recomendações específicas e, em vez disso, trabalham com as partes para tomar decisões informadas e encontrar uma solução. Em uma disputa de custódia, por exemplo, de uma criança, um especialista pode avaliar a situação e trabalhar com os pais a fim de criar um plano para eles. No direito colaborativo, as partes assinam um acordo de desqualificação que estipula que, se uma das partes optar por litigar, o processo e os advogados que trabalham no assunto são desqualificados para representar qualquer uma das partes na ação. Uma sessão cooperativa usa a mesma abordagem, mas sem um acordo de desqualificação" (Arsdale, 2015:114-115, trad. livre).

69 "Existem dois tipos de plataformas ODR privadas: autossuficiente e serviço completo. Uma plataforma ODR independente foi desenvolvida para resolver disputas em uma comunidade, como também em um mercado *online* como eBay, Amazon ou Etsy. Os membros dessa comunidade concordam em ser regidos pelos termos de serviço e acordos associados que regulam a comunidade e ditam como e quando essa plataforma ODR é usada. Em virtude de serem independentes, esses sistemas comunitários podem criar incentivos únicos ou impor sanções únicas, como atraso no pagamento, cobrança reversão, restrições de conta, publicação de *feedback* e incentivo, como marcas de confiança internas, para designar os principais vendedores ou outros artistas com base no *feedback* do usuário. Em comparação, uma plataforma de serviço completo está aberta a qualquer participante para quem o método ODR seja apropriado – de acordo com o tipo de disputa, custo ou outros fatores. Modria é um popular e novo exemplo. A plataforma baseada em nuvem, criada por Collin Rule, o primeiro diretor de resolução de disputas *online* do eBay e do PayPal, foi projetada para 'disputas de qualquer tipo e volume', com empresas comerciais e governos" (Arsdale, 2015:120, trad. livre).

70 "O advento da internet e o desenvolvimento tecnológico deram início a uma nova era da interação humana, com mudança nos meios de comunicação e conexão. ODR desenvolvida juntamente com o comércio eletrônico; parecia natural que, para

O que importa aqui é que o uso das ODRs é caracterizado pela baixa rivalidade, já que elas, em lugar de trabalho humano, se valem muito da tecnologia para o desempenho de boa parte das tarefas necessárias à solução dos litígios.[71] Isso significa que o uso por dois litigantes – um autor e um réu, por exemplo – de uma ODR não impede o uso da mesma ODR por outros dois litigantes ao mesmo tempo e na mesma medida. E o uso da mesma ODR por esses outros dois litigantes não impede o uso da mesma ODR por ainda outros dois litigantes ao mesmo tempo e na mesma medida. E por mais dois outros litigantes. E por ainda mais dois. E assim por diante, sendo possível dizer que, quanto menos as ODRs dependam de trabalho humano, menor será a rivalidade no seu uso.[72]

---

transações originadas no ciberespaço, as disputas relacionadas fossem resolvidas *online*. No entanto, a natureza mutável e as tecnologias de ODR fizeram uma definição clara do termo indescritível. Em termos gerais, ODR usa a tecnologia para apoiar ou facilitar totalmente um ou mais métodos ADR tradicionais. O comércio eletrônico foi a força motriz por trás da ODR, como *sites* comerciais criando plataformas internas para resolver problemas decorrentes de vendas *online* e outras atividades. Agora, a ODR é usada em uma variedade de disputas, incluindo comércio eletrônico e registro de nomes de domínio, disputas e até sequestro de crianças, e foi proposta para uso em ainda mais áreas" (Arsdale, 2015:110, trad. livre).

71 Talvez se possa colocar a questão nestes termos: quanto mais uma ODR abrir mão da participação de humanos externos ao conflito, tanto menos rival será seu uso.

72 A internet, no entanto, não é uma obra divina, um moto-contínuo, a funcionar por si mesma independentemente de esforços humanos. Para funcionar, a internet depende de toda uma infraestrutura (computadores, servidores, cabos, satélites, bem como governos, empresas e pessoas), que, sim, possui limites. O que isso quer dizer? Que a rivalidade no uso da internet e das aplicações que funcionam por meio dela é baixa, mas não é nula. Alguma rivalidade no uso existe. Não é à toa que, por vezes, provedores e serviços de internet "caem", ficam indisponíveis. Ainda que isso se mostre cada vez mais incomum, serviços de internet e provedores de internet podem sair do ar, "cair", ficar indisponíveis por sobreuso. Um dos exemplos mais conhecidos é o das páginas de internet que sofrem "*lag*" (atrasos) quando são alvos de muitos acessos ao mesmo tempo. Páginas, por exemplo, de universidades que estejam a soltar o resultado de um vestibular sofrem "*lag*" por sobreuso. Trazendo o assunto para a questão das ODRs, também as ODRs são caracterizadas por baixa rivalidade, mas não por rivalidade nula. ODRs dependem de servidores e da infraestrutura da internet para funcionar. Quando essa infraestrutura sofre congestionamentos, a qualidade dos serviços das ODRs pode ser afetada. Aí está a

É claro que, para os provedores das ODRs, alguns custos existem, que crescem, sim, toda vez que um novo usuário pretenda se valer do sistema. Existem, por exemplo, os custos de manutenção dos servidores que hospedarão os dados da plataforma (ODR), dos empregados que resolverão ocasionais problemas que a plataforma (ODR) venha a apresentar (*e.g.*, *callcenter*), de promoção de melhorias na plataforma (ODR). Esses custos, no entanto, pouco se intensificam (baixa rivalidade) toda vez que um novo usuário decide utilizar a aplicação.[73] A promoção de melhorias na plataforma, por exemplo, atinge todos os usuários. Ou seja, o fato de crescer o número de usuários não afeta – ou pouco afeta – os custos de promoção de melhorias na plataforma. Existe o custo da pesquisa e da implementação das melhorias. Mas, uma vez que elas tenham sido desenvolvidas, fazer com que atinjam todos os usuários é relativamente barato. É dessa maneira que se diz que as ODRs podem, se não resolver inteiramente, ao menos reduzir a rivalidade no uso dos serviços de resolução de conflitos. ODRs, por esse prisma, podem significar uma revolução na solução de litígios. De que maneira?

Pela perspectiva dos custos, a baixa rivalidade no uso das ODRs pode ser repassada aos usuários, isto é, o fato de os custos marginais[74] de manutenção das ODRs crescerem pouco conforme cresça o número de usuários traduz-se, pelo prisma dos usuários, em baixo

---

rivalidade no uso das ODRs, que, de todo modo, com a evolução tecnológica, mostra-se cada vez menor tanto em termos absolutos como quando comparada com a dos serviços tradicionais de Justiça, sobretudo daqueles que não se valham de meios tecnológicos para funcionar (processos físicos, em papel).

73 Nesse sentido, talvez seja possível classificar as plataformas de larga escala como bens de clube (bens artificialmente escassos), na medida em que são excludentes (é possível excluir do uso os usuários que não pagarem pela aplicação – quando ela for paga, como no caso da Netflix) –, mas não rivais (é baixa a rivalidade, isto é, a entrada de novos usuários não dissipa a aplicação).

74 Custo marginal, em economia, é o custo de produzir uma unidade a mais de determinado produto. O termo "marginal", em economia, designa uma unidade a mais ou a menos daquilo que esteja em questão.

custo de acesso aos próprios serviços de resolução de conflitos. E o barateamento dos serviços de resolução de conflitos pode tanto incrementar o acesso a esses serviços de pessoas com parcas condições financeiras quanto incentivar a resolução de disputas cujo resultado esperado (utilidade esperada) seja baixo(a).

Com relação ao incremento do acesso de pessoas com parcas condições, ainda que a Constituição Federal de 1988 estabeleça a gratuidade da Justiça àqueles que dela necessitem, para acessar a Justiça é, de regra, necessária a representação por um advogado. E a contratação de advogados implica custos ao interessado no serviço de Justiça. É interessante notar que, pela perspectiva dos custos de transação (tema já tratado nesta obra), mesmo o estabelecimento de contato com um defensor público, pago pelo Estado, é custoso. Existem ao menos os custos de busca (*e.g.*, custo de deslocamento ao prédio da defensoria ou de telefonema para a defensoria) e os custos de oportunidade (tempo perdido no deslocamento, na reunião com um defensor, na audiência inicial de um processo judicial).[75] A possibilidade de se utilizar um serviço de solução de litígios por meio de um mero ponto de acesso à internet pode importar a redução desses custos. Dessa maneira, ODRs podem significar o incremento do acesso a serviços da Justiça por pessoas com parcas condições (para as quais, por exemplo, o gasto com uma passagem de ônibus para se dirigir à defensoria seja algo custoso, caro).

De outra parte, a teoria da decisão (teoria da decisão racional), bastante utilizada em modelos de microeconomia, prediz que uma

---

75 "Esta avaliação, dinâmica por natureza, é complicada pelos tipos de custos enfrentados entre a eleição de um mecanismo de resolução de conflitos e seu resultado final. Em primeiro lugar, há custos monetários, facilmente quantificáveis, como as despesas diretas. Estas podem referir-se a obtenção de informações sobre os mecanismos disponíveis, honorários advocatícios, peritos, custas judiciais, taxas de árbitros e mediadores, tradução, despesas de viagem, emolumentos cartoriais, entre outros. Em segundo lugar, existem os não monetários custos de oportunidade e custos intangíveis, que podem ser convertidos em valores monetários por meio de cálculos por si sós custosos" (Arbix, 2017:30).

pessoa adotará determinado curso de ação em cenários de risco sempre que a utilidade esperada desse curso de ação for positiva,[76] isto é, sempre que a probabilidade de sucesso (desse curso de ação) multiplicada pela magnitude do resultado (desse curso de ação) superar os custos (desse curso de ação). Litigar é, em última análise, atuar num cenário de risco, já que é difícil se precisar de antemão qual será o resultado de um litígio (quem ganhará o quê). É, contudo, possível atribuir uma probabilidade ao ato de se litigar. Daí

---

[76] As expressões "custo esperado", "utilidade esperada", "benefício esperado", "valor esperado" refletem todas uma mesma ideia: está-se a trabalhar sob condição de risco. Situações de risco, para a análise econômica, são as situações em que determinada atitude provavelmente produzirá determinado resultado. Existe o risco de que determinado resultado ocorra ou não. Isto é, determinada atitude possui certa probabilidade de atingir determinado resultado. Sob condição de risco, portanto, as atitudes de alguém devem ser medidas pela multiplicação da probabilidade de atingimento de determinado resultado pela magnitude do resultado (p.M). Imagine-se um dado não viciado de seis faces. Se se fizer uma aposta de que, toda vez que esse dado cair com o número 1 virado para cima, alguém ganhará R$ 600, o benefício esperado dessa aposta para esse alguém é de R$ 100, uma vez que 1 / 6 (R$ 600) = R$ 100. A aposta, nesse caso, consiste numa situação de risco. A respeito da relação entre risco e utilidade esperada: "O valor econômico de um bem ou serviço é quanto alguém está disposto a pagar por ele ou, se ele já o tem, quanto dinheiro ele exige para se separar. Esses nem sempre são os mesmos valores e isso pode causar dificuldades, as quais consideraremos mais adiante. A utilidade é usada em dois sentidos bastante diferentes na economia. Primeiro, é usada para distinguir um custo ou benefício incerto de determinado utilitário (mais precisamente, 'utilidade esperada') e, nesse sentido, está entrelaçada com o conceito de risco. Suponha que lhe perguntassem se você prefere receber US$ 1 milhão ou uma chance de 10% de US$ 10 milhões. Provavelmente você preferiria o primeiro, mesmo que o valor esperado das duas opções seja o mesmo: US$ 1 milhão (= 0,10 × US$ 10 milhões). Nesse caso, você é avesso ao risco. A aversão ao risco é um corolário do princípio de diminuir a utilidade marginal do dinheiro, que significa apenas que quanto mais dinheiro você [tem] menos felicidade adicional você obteria com outro dólar. A utilidade marginal decrescente é mais dramaticamente ilustrada por mercadorias menos versáteis do que por dinheiro – é fácil imaginar no contexto, digamos, de cadeiras, ou lâmpadas, ou gerbos de estimação. Não obstante, deve ficar claro que outro dólar também significa menos para uma pessoa à medida que sua riqueza aumenta. Suponha que você tivesse um patrimônio líquido de US$ 1 milhão: você estaria disposto a arriscar em uma aposta 50-50 para ganhar US$ 2 milhões? Caso contrário, significa que seu primeiro milhão de dólares vale mais para você do que um segundo milhão valeria" (Posner, 2011:15, trad. livre).

por que se diz que litigar é atuar num cenário de risco. Litígios tendem a se repetir. E, portanto, os resultados dos litígios também. A teoria da decisão, então, aplica-se aos litígios antecipando que um litigante buscará um serviço de resolução de controvérsias sempre que a utilidade esperada do litígio for positiva, isto é, sempre que a probabilidade de sucesso da pretensão do litigante multiplicada pela magnitude (da pretensão) menos o custo de litigar for positiva (*probabilidade* × magnitude – custo => (p.M - c_1).[77]

ODRs – que são caracterizadas pela baixa rivalidade no uso e, portanto, pela possibilidade de amplo acesso a baixo custo – permitem que litígios nos quais estejam em jogo pretensões com baixa utilidade mesmo assim sejam debatidos e solucionados. Um exemplo: imagine-se que um consumidor, no Brasil, tenha comprado pela internet, por R$ 10, um vaso de flores de um vendedor residente na China. Suponha-se, no entanto, que o vaso de flores tenha chegado trincado à casa do consumidor. Na ausência das ODRs, será que valeria a pena ao consumidor ir a juízo para reaver os R$ 10 do vendedor?

Mesmo que o consumidor venha a se dirigir ao Juizado Especial Cível de sua comarca, gratuito e que não exige a representação por advogado, cabe perguntar: será que os R$ 10 de reparação compensariam a ida ao juizado (custo com deslocamento), a formulação de uma petição inicial que contenha os dados de alguém na China, a participação em ao menos duas audiências (inicial e instrução), a espera pela remessa de uma carta rogatória ao país asiático para a citação do vendedor, a apresentação de provas? É provável que, por si mesmos, os custos de deslocamento (*e.g.*, passagens de ônibus) para o comparecimento às audiências superem a utilidade esperada do litígio, ainda que a probabilidade de sucesso seja de 100% (100% × R$ 10 = R$ 10 = utilidade esperada do litígio). Se o consumidor tiver de gastar mais de R$ 10 com, por exemplo, passagens de ônibus para comparecer às duas audiências, a reclamação não valerá a pena para ele.

---

77 Sobre o tema, ver capítulo intitulado "Litígios" em Porto e Garoupa (2020).

A discussão de um litígio nesses moldes por meio de uma ODR, no entanto, pode valer a pena. Imagine-se uma ODR cuja utilização custe, para o interessado na compensação, 10% sobre o valor do bem econômico em discussão. Desde que o consumidor possa, para promover sua reclamação, acessar a internet por menos de R$ 9, a reclamação valerá a pena. Custando o uso de uma ODR 10% sobre o valor da causa (10% de R$ 10 = R$ 1), se o consumidor puder, por exemplo, acessar a internet por R$ 5 esperará ganhar (ganho esperado) com uma reclamação de reparação o equivalente em dinheiro a R$ 4.[78] Reclamar acerca de um problema cujo valor esperado era baixo passou a valer a pena para esse consumidor.

Mas existe ainda outro benefício. Não é descabido pensar que a promoção de litígios com baixa utilidade esperada pode fortalecer a proteção dos direitos dos consumidores como um todo. Imagine-se, no exemplo acima (vaso de flores; comprador no Brasil e vendedor na China), que não exista qualquer ODR para a discussão da causa e que o consumidor decida deixar para lá a reparação dos seus R$ 10. Se o consumidor não se puder valer de um mecanismo de resolução de litígios, o vendedor não possuirá incentivos para melhorar seus produtos (para não vender outros vasos trincados a outros consumidores). Se o vendedor não se vir diante de reclamações a respeito dos seus produtos, como poderá ele saber que são defeituosos? Que incentivos possuirá para, por exemplo, contratar um transportador que seja cuidadoso a ponto de evitar o trincamento dos vasos de flores? Reclamações atinentes a produtos e serviços defeituosos podem evitar a repetição dos defeitos, fortalecendo os direitos dos consumidores como um todo.

---

[78] Como se vê, o exemplo deixa de lado o problema de quem deve pagar pelo uso da ODR (o "problema da sucumbência"). Por levar em conta a situação menos benéfica ao consumidor (responsabilizando o consumidor pelos custos do uso da ODR mesmo que ganhe a reclamação), entretanto, o exemplo só reforça a ideia de que as ODRs tornam possível a discussão de controvérsias com baixo valor esperado.

Rememorando: todas essas possíveis vantagens das ODRs foram abordadas pela perspectiva da baixa rivalidade no uso. É também a partir desse ângulo que conseguimos encarar os ganhos de escala que podem ser atingidos pelos provedores das ODRs e a consequente amplitude geográfica que podem atingir os serviços das ODRs. Em lugar das ODRs, pense-se, por exemplo, no Whatsapp. Estruturalmente (economicamente), o Whatsapp é uma plataforma muito semelhante às ODRs. Tal qual as ODRs, o Whatsapp aproxima pessoas e é marcado pela baixa rivalidade no uso. Seus custos marginais de manutenção tendem a crescer pouco conforme cresça o número de usuários. A baixa rivalidade no uso é um dos fatores que lhe permitem servir aos seus usuários em larguíssima escala, em todos os cantos do planeta, tudo a depender do contato com um ponto de acesso (computador ou telefone celular).

O mesmo ocorre com as ODRs. O caso das ODRs, contudo, é especialmente relevante em virtude das mudanças pelas quais vem passando a maneira como as pessoas consomem bens e serviços no mundo atual. Cada vez mais, as pessoas consomem comprando pela internet. E o fazem adquirindo bens produzidos não só no seu país, mas também no exterior. A compra de produtos importados, no entanto, lança desafios bastante especiais às jurisdições nacionais sempre que surja uma controvérsia. Acima, já se deu o exemplo de um consumidor no Brasil e de um vendedor na China. Na inexistência de uma ODR, mesmo que o consumidor resolva ir ao Juizado Especial Cível, questiona-se: será que, para os Estados brasileiro e chinês, vale a pena solucionar um litígio transnacional em que se discuta uma reparação de R$ 10? Vale a pena para o Estado brasileiro emitir uma carta rogatória e ter de dar andamento a todo o desenrolar diplomático para seu cumprimento a fim de que um consumidor brasileiro seja recompensado em R$ 10? É provável que não. ODRs, em regra, independem de barreiras geográficas e diplomáticas. Podem solucionar de maneira mais eficiente, portanto, problemas que surjam do comércio *online* global.

Uma última vantagem das ODRs que pode ser relacionada com a baixa rivalidade no uso é a velocidade na resolução dos litígios. Como dito acima, o serviço prestado por servidores, cartorários, juízes, desembargadores, ministros (e ainda árbitros, conciliadores, mediadores) é rival porque essas pessoas têm de despender tempo analisando um a um os casos que se lhes apresentam. Uma aplicação eletrônica, no entanto, admite incontáveis *inputs* simultâneos, isto é, pode examinar diversos casos e múltiplos fatores ao mesmo tempo. Isso significa ganho de tempo. Desde que os litígios obedeçam a determinados padrões – ainda que heterogêneos, como têm indicado as tecnologias de *machine learning* e de inteligência artificial –, o oferecimento de soluções ótimas por ODRs em curto tempo pode se colocar como uma vantagem frente aos sistemas tradicionais de solução de litígios. No mundo atual, cada vez mais pessoas e empresas exigem soluções rápidas para os problemas surgidos do comércio.

ODRs, no entanto, não são a panaceia jurídico-processual, que tudo fará na solução de litígios. Existem muitas controvérsias que, ao que tudo indica, não se adequarão a uma solução eletrônica, distante, matematizada e rápida. Casos complexos, crê-se, permanecerão a ser examinados pelo sistema tradicional de Justiça. *Lawtechs* e ODRs, ao menos considerando-se o atual estágio das tecnologias da informação, adéquam-se bem a disputas relativamente simples (ou de média complexidade), nas quais se possam encontrar padrões.[79] Padrões permitem a repetição de tarefas,[80] dispensando-se a participação

---

[79] Fugindo um pouco do assunto, não é por outro motivo que uma linha de matemáticos e de filósofos da matemática designa a matemática como a ciência dos padrões. Sobre o tema, ver Resnik (1997).

[80] "Em todos os empreendimentos jurídicos que visito ou aconselho, encontro quantidades significativas de trabalho sendo realizadas por jovens advogados. O trabalho requer mais processo do que julgamento, procedimento em vez de estratégia ou criatividade. Exemplos são a revisão de documentos em litígios, trabalhos de *due diligence*, redação básica de contratos e pesquisa jurídica. Aqui está a grande oportunidade de mudança. É identificar o trabalho que pode ser rotineiro e realizado de maneira mais eficiente, seja por seres humanos menos qualificados e de menor custo, seja por informatização e

de humanos caso a caso.[81] Parece claro: se for necessário que, caso a caso, um humano reprograme um sistema de computação para torná-lo adequado àquela situação específica, a tecnologia perde sua razão de ser. Se, caso a caso, houver a necessidade de programação e reprogramação humana dos sistemas, sem que estes aprendam com as situações anteriores, talvez valha mais a pena a resolução direta das controvérsias pelos humanos.

Mas não são só os casos complexos que, hoje, se mostram pouco compatíveis com as ODRs. Casos cuja resolução dependa da construção de empatia entre as partes apresentam-se como pouco afeitos a telas de aparelhos eletrônicos e a comunicações marcadamente assincrônicas (caso das ODRs). Não se descarta, é verdade, que num futuro não tão distante hologramas e tecnologias afins possam substituir, sem quaisquer prejuízos, reuniões presenciais.[82] Hoje, entretanto, não é essa a realidade. A tecnologia acessível ao grande público para reuniões em ambientes *online* é a de videoconferência. E os especialistas no assunto parecem convergir para a opinião de que a videoconferência não é um substituto perfeito de reuniões presenciais. Em videoconferências, as pessoas estão distantes umas das outras. O que os participantes de videoconferências têm diante de si são (é claro) telas com representações visuais dos seus interlocutores, e não os próprios interlocutores. Ocorre que, alertam os especialistas, representações visuais de pessoas são visualmente limitadas, não

---

tecnologia. Isso nos leva, naturalmente, a um caminho de 'mercantilização' do trabalho jurídico (consulte o capítulo 3) e ao que chamei de 'decomposição' e 'fornecimento múltiplo' de trabalho jurídico (capítulo 4). Estas não são fantasiosas noções teóricas; são a principal preocupação da maioria dos advogados internos com quem agora me encontro e também muitos líderes de escritórios de advocacia" (Susskind, 2017:21-22, trad. livre).

81 São os padrões, vale notar, que, na maior parte das vezes, permitem que as *lawtechs* e ODRs "escalem", ganhem escala. E os economistas conhecem há muito as vantagens das economias de escala em termos de eficiência. Economias de escala ocorrem quando o custo por unidade – ou o custo médio de produção – cai conforme aumenta o montante total produzido. Sobre economias de escala, ver Cooter e Ulen (2016:29-32).

82 Sobre o uso de holografia nos processos *online* de solução de disputas, ver Exon (2010).

permitindo que se capture tudo o que se dá em reuniões pessoais, como sinais corporais, por mínimos que sejam (linguagem corporal).

Em videoconferências, a propósito, as representações visuais tendem a focar ou só o rosto ou quando muito o torso superior dos interlocutores. Reuniões presenciais vão muito além disso. Permitem que se capte a linguagem corporal dos participantes como um todo, não sendo o efeito disso descartável. Como se não bastasse, não são todas as pessoas que se sentem confortáveis quando falam olhando para uma câmera. Sentindo-se desconfortáveis, interlocutores dificilmente desenvolverão empatia, sensação emocional não raro indispensável para que negociantes façam cessões e concessões recíprocas.

Videoconferências podem também incentivar comportamentos estratégicos. Pesquisas dão conta de que as pessoas conseguem mentir com mais facilidade se as comunicações não se dão face a face. ODRs, então, podem se mostrar pouco interessantes para atacar controvérsias criadas por partes mal-intencionadas.[83] Por fim, vale a pena referir que, para comunicações diante de câmeras se desenrolarem com sucesso, é necessário que os interlocutores evitem conversas paralelas (por exemplo, com representantes, advogados, mediadores). Perde-se, portanto, com as videoconferências, a espontaneidade das reuniões presenciais que envolvam múltiplos atores.[84]

Por fim, para concluir o tema das desvantagens das ODRs, cabe pontuar que ODRs que mantenham, de maneira permanente, o registro de todas as comunicações e ações tomadas pelos litigantes podem afastar potenciais usuários. Se um usuário souber que, no futuro, algum insulto ou manifestação mais firme que tenha dirigido ao seu opositor poderá ser acessado tanto pelo próprio opositor quanto por potenciais contendores, assim como por mediadores e conciliadores, esse usuário possuirá incentivos para não se servir

---

83 Nesse sentido, ver Rule (2002:82-83).

84 Nesse sentido, ver Exon (2010:35-36).

de métodos *online* que mantenham em arquivo suas manifestações. Com relação a potenciais contendores, é verdade, as regras de confidencialidade tendem a dar conta da questão. O problema aqui é que nem todos confiam na proteção das informações tornadas disponíveis a provedores de aplicações *online*. Partes preocupadas com a confidencialidade de suas informações mostrar-se-ão pouco dispostas a fornecer informações sensíveis – sobretudo grandes corporações – a sistemas *online* de solução de controvérsias que não possuam políticas fortes de proteção de dados.

As ODRs e seus métodos, portanto, não se apresentam como um substituto ao sistema tradicional de Justiça, mas como uma alternativa, cuja adequação deve ser pensada e repensada constantemente a partir dos casos que se pretenda resolver por meio delas. Há quem diga, por exemplo, que é dever do Estado prover juízes independentes para o julgamento de casos, por mais diminuto que seja o valor econômico em discussão.[85] Também por isso, a existência do sistema tradicional de Justiça parece estar segura no longo prazo. Se as ODRs, no entanto, tiverem o condão de desafogar (descongestionar) o sistema tradicional de Justiça, deixando que ele atenda aos casos que realmente exijam um pronunciamento estatal vinculante e passível de execução forçada, tanto melhor.

---

85 "Enquanto isso, há outro debate em andamento – se disputas de baixo valor deveriam ser resolvidas por sistemas *online* fornecidos pelo setor privado. Um pequeno grupo de serviços privados nesse sentido surgiu e pode ganhar força em muitas jurisdições antes que os tribunais *online* baseados no Estado sejam formalmente lançados. Enquanto alguns argumentam que é provável que o mercado ofereça um serviço menos dispendioso e melhor que o setor público, outros sustentam que é um dever fundamental do Estado fornecer acesso à resolução de disputas vinculativa e aplicável por juízes independentes" (Susskind, 2017:115, trad. livre).

4

O papel da tecnologia no auxílio de demandas consumeristas

A vida sem tecnologia se tornou impensável. O progresso tecnológico mudou a forma como os seres humanos se relacionam. O Facebook, por exemplo, com sua família de ferramentas de interação social (Messenger, Whatsapp, Instagram e a própria rede social Facebook), responde atualmente por cerca de 2,7 bilhões de usuários da internet (Reyes, 2019). O Brasil é um dos campeões mundiais em tempo de permanência na internet, ficando com a medalha de bronze: o internauta brasileiro fica, em média, 9h14min por dia conectado. Os números levantados pela Hootsuite e We Are Social colocam o país atrás apenas de Tailândia (com 9h38min) e Filipinas (9h24min).[86]

Tendo isso em conta, é natural que as pessoas utilizem cada vez mais ferramentas tecnológicas para comunicações privadas e profissionais. O avanço tecnológico também atingiu, como era de se esperar, os hábitos consumeristas. Tomem-se como exemplo o iFood,[87] que conecta restaurantes e clientes, e a Amazon,[88] empresa que atua exclusivamente no segmento de *e-commerce*. O primeiro

86 Disponível em: <https://g1.globo.com/especial-publicitario/em-movimento/noticia/2018/10/22/brasileiro-e-um-dos-campeoes-em-tempo-conectado-na-internet.ghtml>. Acesso em: 20 maio 2019.

87 Para mais informações: <www.ifood.com.br/>. Acesso em: 20 maio 2019.

88 Mais informações em: <www.amazon.com.br/ref=nav_logo>. Acesso em: 20 maio 2019.

parece ser hoje aplicação obrigatória nos telefones celulares – quem ainda pede comida por telefone? A segunda atingiu, em setembro de 2018, o valor de mercado de US$ 1 trilhão.[89] As compras pela internet, antes vistas com desconfiança pelo consumidor, hoje representam parcela significativa das vendas totais do varejo brasileiro. A tecnologia mudou completamente a forma como vendedor, comprador e objeto se relacionam. Hoje, o contato com o vendedor se torna cada vez mais raro e o objeto é adquirido sem que se possa tocá-lo.

E quando ocorre algum problema nessa relação de consumo? Os conflitos também foram impactados pela tecnologia. Quando ocorre um conflito, sendo inviável a autocomposição,[90] é geralmente necessário que haja a intervenção de um terceiro, que tem poder decisório sobre a questão e é capaz de vincular as partes à sua decisão. Nesse modelo de solução de controvérsias, é notória a existência daquilo que convencionalmente chamamos de direito.

É inevitável, assim, que uma dessas ondas imparáveis de tecnologia tenha atingido exatamente esse sistema. De caráter marcadamente conservador, o direito codificado tem sua imagem ligada à tradição. É comum associar o estudo do direito à morosidade. Enquanto isso, em contraste, associa-se a tecnologia à inovação, à flexibilidade e principalmente à celeridade. Como conciliar, então, esses dois mundos aparentemente tão díspares?

O tema central é o uso de novas tecnologias para resolver questões consumeristas. A resposta para essa questão passa por três etapas: a primeira é a viabilidade de implementação, a segunda é a

---

89 Disponível em: <www1.folha.uol.com.br/mercado/2018/09/amazon-atinge-us-1-trilhao-de-valor-de-mercado.shtml>. Acesso em: 20 maio 2019.

90 A autocomposição é um método de resolução de conflitos entre pessoas e consiste em: um dos indivíduos, ou ambos, criam uma solução para atender aos interesses deles, chegando a um acordo. Isso pode ser realizado por meio de criação e/ou de divisão de valores, podendo-se fazer, ou não, um ajuste de vontades entre as partes. Pode haver a participação de terceiros (conciliador ou mediador) ou não (negociação e evitação de conflito).

análise dos benefícios e a terceira é a análise de possíveis fragilidades. O objetivo, ao final, é sopesar os custos e benefícios para responder se o uso de tecnologias pode auxiliar as demandas consumeristas e, se puder, de que maneira.

Desafios ao acesso

A questão a ser enfrentada aqui é preliminar: não há como falar de benefícios e fragilidades sem estabelecer, primeiro, quem esses benefícios atingiriam e quem essas fragilidades prejudicariam. Quando o assunto é resolução de disputas *online*, é fundamental perguntar: quem tem acesso à internet no Brasil?

Dados do Instituto Brasileiro de Geografia e Estatística (IBGE) dão conta de que a internet chega a 74,9% dos lares brasileiros.[91] Quando o corte é feito por área, é possível notar que o acesso à rede tem crescido mais na área rural, passando de 33,6% em 2016 para 41% em 2017 (na área urbana, o crescimento foi de 5,1 pontos percentuais, passando de 75% em 2016 para 80,1% em 2017). Apesar do aumento, é interessante perceber que ainda resta um quarto da população sem acesso à internet. O que pode parecer um feito extraordinário da expansão tecnológica pode ser um problema pela óptica jurídica. É que, de maneira geral, a isonomia garante que o acesso à justiça[92] seja direito de todos, e, obviamente, "todos" incluem os 25% que não possuem acesso à internet. O acesso às ODRs, portanto, limitar-se-ia a 75% dos brasileiros, número expressivo, mas que não contempla a totalidade da população.

---

91 Disponível em: <https://agenciadenoticias.ibge.gov.br/agencia-sala-de-imprensa/2013-agencia-de-noticias/releases/23445-pnad-continua-tic-2017-internet-chega-a-tres-em-cada-quatro-domicilios-do-pais>. Acesso em: 20 maio 2019.

92 Fala-se em "justiça" aqui com inicial minúscula a fim de fazer referência não só ao Judiciário, mas também aos meios alternativos de solução de litígios.

Apesar de as ODRs não se pretenderem exclusivas – isto é, não buscarem fazer as vezes do Judiciário –, configurando-se como método complementar e de auxílio na resolução de demandas consumeristas de baixa complexidade, a questão do acesso à Justiça pode ser um problema quando são considerados os benefícios trazidos pelas ODRs. Esses benefícios serão discriminados adiante, mas é importante considerar aqui que eles existem. O cenário é o seguinte: 75% da população gozarão de privilégios para resolver demandas consumeristas, enquanto 25% terão de optar pelos métodos tradicionais. Não é claro se os efeitos positivos sobre esses 75% impactarão negativamente os 25% restantes. Embora contraintuitivo, não é descabido imaginar que a ampliação do acesso à Justiça a 75% da população pode ser prejudicial aos restantes 25%, que não gozarão do mesmo benefício. Não existem estudos sobre o tema. Pode ser que os 25% restantes permaneçam indiferentes ou pode mesmo ocorrer de serem impactados positivamente. No primeiro caso (impactos negativos), o problema é claro; no segundo e terceiro casos (indiferença e impactos positivos), a implementação das ODRs seria possível e eficiente.

Desafios de implementação

A discussão não se limita ao acesso. Para a correta implementação de uma nova tecnologia, não basta sua disponibilidade: também é necessário que os destinatários estejam dispostos a usá-la. Mais ainda: é necessário que os operadores do direito conheçam e reconheçam as ferramentas de resolução *online* de controvérsias.

É possível que a disposição para o uso seja reflexo da popularidade do sistema. Atualmente, por exemplo, o *site* ReclameAqui informa que possui cerca de 18 milhões de usuários cadastrados,[93] sendo certo

---

[93] Disponível em: <https://noticias.reclameaqui.com.br/noticias/reclame-aqui-voce-usa-o-site-para-reclamar-ou-pesquisar_3434/>. Acesso em: 20 maio 2019.

que cerca de 5% das visitas diárias se dão para iniciar uma reclamação, ao passo que o restante dos usuários da ferramenta fazem-no para avaliar as empresas. Considerando que a vasta maiorias das visitas diárias se dá para a avaliação das empresas, é possível que exista uma postura cética acerca da efetividade do sistema como meio de solução de conflitos, contribuindo para a baixa popularidade geral dos mecanismos de resolução *online* de controvérsias e dos benefícios a eles associados.

Contudo, é possível imaginar a hipótese de que o sistema seja conhecido, mas que os usuários optem por não usá-lo. Nesse cenário, o exercício é buscar as razões pelas quais isso ocorre.

Em primeiro lugar, uma resposta possível é aquilo que se denominou viés do *status quo*. Esse viés reflete a tendência do ser humano de se manter inerte e resistente a mudanças, mesmo que elas representem melhorias em relação ao *status quo*.[94] Nesse caso,

---

94 O viés do *status quo* é uma decorrência da tendência geral de aversão ao risco. Quando confrontadas com cenários de perdas e ganhos, as pessoas tendem a escolher as opções que minimizem as perdas – em lugar daquelas que maximizem os ganhos –, ainda que, do ponto de vista matemático, os cenários de perdas e ganhos coloquem em questão o mesmo problema. Por exemplo, quando confrontadas com o seguinte questionamento: "Você prefere R$ 1 mil ou 10% de chance de ganhar R$ 10 mil?", as pessoas tendem a escolher a primeira opção. Isso porque as possibilidades de perder algo tendem a criar maiores preocupações na mente das pessoas do que as chances de ganhar aquele mesmo algo. Em outras palavras, mudanças que possam tornar as coisas piores do que já são criam mais preocupação que mudanças que possam tornar as coisas melhores. Para exemplificar o viés do *status quo*, Kahneman, Knetsch e Thaler (1991) citam dois experimentos controlados. No primeiro, levado a cabo por Samuelson e Zeckhauser, os participantes, divididos em grupos de tratamento e de controle, foram questionados sobre como investiriam uma possível herança que estariam por receber. O grupo de tratamento foi informado de que essa herança já viria na forma de ações de risco moderado de determinadas companhias (esse era o *default*, o *status quo*), ao passo que ao grupo de controle nada se disse sobre a forma da herança. Constatou-se que os participantes do grupo de tratamento tendiam, muito mais que os do grupo de controle, a escolher as ações de risco moderado, isto é, a permanecer na modalidade de investimento já realizada pelo autor da herança. Kahneman, Knetsch e Thaler (1991) mencionam também o experimento realizado por Hartman, Doane e Woo com consumidores de energia da Califórnia. Divididos em dois grupos, os consumidores

a comunidade jurídica pode funcionar como principal impeditivo das novas tecnologias. Um caso que sustenta essa tese é a demora da comunidade jurídica em se adaptar a um cenário mais eficiente de disputas *online*. Atualmente, os procedimentos *online* limitam-se a imitar o processo tradicional, sem grandes inovações na área, embora a Lei do Processo Eletrônico seja de 2006. Esse ponto é bem ilustrado por Becker e Maia (2018, trad. livre):

> O Poder Judiciário brasileiro está estagnado no último século. Embora a Lei nº 11.419/06 (Lei de Procedimento Eletrônico) tenha sido promulgada há mais de 10 anos, pouco mudou em termos de velocidade de procedimento, uma vez que o procedimento eletrônico apenas reproduziu as etapas de uma ação *off-line*. Sem qualquer aparato de computação cognitiva, automação de documentos e ciência de dados para facilitar o processamento e a decisão, os juízes estão sendo inundados com novos processos em um número que cresceu exponencialmente desde a promulgação dessa lei.

Cumpre ponderar que esforços foram feitos na direção contrária, como com a aprovação do Enunciado nº 25, possibilitando-se, na audiência de conciliação ou de mediação, o uso de videoconferência, áudio, sistemas de troca de mensagens, conversa *online*, conversa escrita, eletrônica, telefônica ou outros mecanismos capazes de estabelecer a comunicação entre as partes. Além disso, outro exemplo de esforço de aproximação dos sistemas tradicional e *online* é a recente

---

foram perguntados sobre se prefeririam um serviço de energia elétrica 30% mais caro mas também mais confiável ou se prefeririam um serviço menos confiável e 30% mais barato. Ocorre que para um dos grupos se disse que o serviço que já era fornecido era o mais caro, enquanto para o outro se disse que o serviço padrão (o *status quo*, o *default*) era o mais barato. Aproximadamente 60% dos consumidores dos dois grupos escolheram o serviço apresentado como aquele que já vinha sendo fornecido (opção pelo *default*, pelo *status quo*); os do primeiro grupo escolheram o mais caro; os do segundo, o mais barato.

edição do art. 2º da Resolução nº 125/2010, do Conselho Nacional de Justiça (CNJ), que introduziu o sistema digital de mediação, para permitir a resolução pré-processual de demandas ou para resoluções consensuais de processos em andamento.

Contudo, como sumarizam Becker e Maia (2018, trad. livre), ainda existe uma

> grande resistência aos métodos de ODR, de modo que a demanda legal do mercado por acordos de plataforma de negociação é de apenas 2%, de acordo com pesquisa recente realizada pela Associação Brasileira de Lawtechs & Legaltechs (AB2L). Isso acontece não apenas pela falta de conhecimento sobre o método em si e os benefícios inerentes a esse tipo de solução de controvérsias, mas também por causa da mentalidade tradicional e antiga dos advogados. [...] Pouco mudou no marco da resolução de disputas nos últimos milênios; Se você parar por um minuto e pensar, você notará que ainda comparecemos a uma audiência em pessoa, em um lugar predefinido, em um horário determinado e apresentamos documentos impressos em papel perante um painel de idosos.

Além dos esforços expostos até aqui, um dos grandes desafios de implementação das ODRs são os fatores culturais. Na cultura litigante existente no Brasil, a decisão de um juiz parece ser ainda o mecanismo de solução de disputas preferido pelas pessoas, porque transmite maior confiabilidade (Fernandes et al., 2018). Isso parece ainda representar um grande obstáculo para as ODRs. O grau de confiabilidade em ferramentas *online* ainda é baixo.

Quando abordamos essa questão cultural, também devemos levar em consideração o modo como essas transformações são recebidas por aqueles que aplicarão as novas ferramentas. Em um relatório elaborado pelo Tribunal de Contas da União (TCU), concluiu-se que há problemas flagrantes na informatização dos processos judiciais:

> Conforme o relatório, problemas de governança e na formulação das estratégias da política de informatização do processo judicial, além de prejudicar os públicos de interesse, resultaram em sistemas de baixa qualidade, que prejudica o acesso à Justiça e não produz impactos significativos na economia de recursos e no aumento da celeridade do Judiciário.[95]

Em reportagem divulgada pelo portal ConJur (Consultor Jurídico),[96] o mesmo TCU notificou o Conselho Nacional de Justiça a fim de que suspendesse as verbas por 15 dias dos tribunais que não utilizassem o PJe (processo judicial eletrônico).[97] Segundo esclarecimentos do conselho, as verbas enviadas aos tribunais para que invistam em novas tecnologias e na informatização estão sendo direcionadas para outras finalidades.

Em suma, as tendências de ODRs ainda são recentes no mundo jurídico e social brasileiro. É importante pensar em novas realidades para essas ferramentas a partir do momento em que passam a ser prática comum na América Latina e, especialmente, no Brasil. Como apontado no artigo "The expansion of online dispute resolution in Brazil" (Fernandes et al., 2018), mudanças nas leis por si sós não são suficientes para gerar mudanças estruturais na sociedade e no comércio. As ODRs, no Brasil, portanto, precisam ganhar a confiança dos usuários e garantir transparência.

---

95 Disponível em: <www.conjur.com.br/2019-jul-09/processo-eletronico-ampliou-custos-tempo-tramitacao-tcu>. Acesso em: 13 jul. 2019.

96 Disponível em: <www.conjur.com.br/2019-jul-03/tcu-manda-cnj-parar-mandar-dinheiro-tribunais-nao-usam-pje>. Acesso em: 13 jul. 2019.

97 O PJe é o programa padrão definido pelo CNJ como sistema de informatização e digitalização dos tribunais.

Benefícios

Os benefícios dos métodos *online* de resolução de controvérsias (ODRs) são muitos e variados. Se os operadores do direito resistem aos meios tecnológicos que forçam entrada no mundo jurídico, a situação não encontra paralelo na doutrina especializada: o consenso é de que a comunidade jurídica deve abraçar esses métodos, vistos, na maioria das vezes, como mecanismos rápidos e eficientes de solução de controvérsias de baixa complexidade.

O primeiro benefício desses métodos de que podemos falar é sistêmico. O Judiciário brasileiro está sobrecarregado, com uma quantidade de demandas maior que a suportável. Dados coletados do CNJ dão uma imagem precisa do cenário atual: a taxa de congestionamento do Judiciário em 2017, que mede quantos casos ficaram represados sem solução ao final do ano – em comparação com o total dos casos, isto é, a soma dos pendentes e dos baixados (CNJ, 2018:72-90) –, correspondeu a 80,1% no Rio de Janeiro, 77,6% em São Paulo e 70,3% no Rio Grande do Sul, enquanto a média da Justiça comum estadual foi de 75% (CNJ, 2018:32). Para ilustrar a questão, é possível dizer que, de cada 10 casos que tramitaram em 2017 pela Justiça comum estadual, 7,5 ainda aguardam uma solução final.

Os números absolutos e de série histórica também chamam a atenção. De um lado, o estoque total dos processos que correm perante o Judiciário brasileiro é de 80,1 milhões, isto é, 80,1 milhões de casos aguardam solução definitiva. Como se não bastasse, a tendência é de crescimento do estoque. De 2009 a 2017, o estoque do Judiciário cresceu, em média, 4% ao ano, o que representa uma variação acumulada de aproximadamente 32% (CNJ, 2018:197).

As ODRs, por outro lado, são, de maneira geral, marcadamente autocompositivas, isto é, por meio delas as partes em disputa não dependem de um juiz estatal para a resolução das suas controvérsias e, portanto, não dependem do ingresso em juízo. Desse modo, o aumento de disputas resolvidas via ODRs tende a desobstruir o volume de processos dos tribunais, reduzindo o número de demandas consumeristas ajuizadas perante esses tribunais.

O segundo benefício também é sistêmico e deriva do primeiro. Os custos do Brasil com seu Poder Judiciário são enormes. Dados do relatório anual "Justiça em números", disponibilizados pelo CNJ, apresentam o cenário completo: as despesas totais com o Poder Judiciário no ano de 2017 somaram R$ 90,8 bilhões – 1,4% do produto interno bruto (PIB) nacional –, tendo crescido 4,4% em relação a 2017. Desde 2011, vale notar, essas despesas cresceram em média 4,1% ao ano. Por habitante, o Judiciário brasileiro custou, em 2017, R$ 437,47. As despesas efetivas, subtraindo do número total os gastos com inativos (aposentados e pensionistas), foram de R$ 76,5 bilhões, valendo registrar que a despesa específica com a Justiça Estadual – que, em regra, compreende as demandas consumeristas – foi de aproximadamente R$ 52,2 bilhões, o que correspondeu a 57,4% da despesa total.[98] E as ODRs, que papel têm a desempenhar? Como a composição do custo dos tribunais contém o número de processos como elemento fundamental do custo variável, a redução do volume de processos tende a contribuir para reduzir as despesas totais do Judiciário.

Uma vez examinados os benefícios sistêmicos, cumpre examinar agora os custos de transação. Para o que interessa nesta seção, os custos de transação podem ser designados como tudo aquilo que representa um empecilho para que a resolução das demandas ocorra de forma gradual e pacífica pelas próprias partes em disputa, sem a intervenção de terceiros. Custos de transação, de fato, na linha do

---

98 A Justiça Estadual responde por 79% dos processos em tramitação, e as despesas com esse ramo do Judiciário representam 57% da despesa total com o serviço de justiça; a Justiça Federal responde por 13% dos processos e por 12% das despesas; e a Justiça Trabalhista, por 7% dos processos e por 20% das despesas. Do total dos gastos, 90% se dão com recursos humanos, abrangendo, além da remuneração de magistrados e demais servidores, todos os demais auxílios e assistências (auxílio-alimentação, diárias, passagens) (CNJ, 2018:91).

que afirmam Cooter e Ulen (2016:84-94), são todos e quaisquer impedimentos à barganha, tudo o que impede que as partes resolvam seus conflitos sobre bens escassos por si mesmas, sem necessitar de um adjudicador (julgador) externo.[99]

Por outro lado, o custo de oportunidade (ou o custo alternativo de fazer uma escolha particular) é o valor da segunda escolha mais valiosa entre aquelas possíveis, isto é, do segundo curso de ação mais valioso à disposição da pessoa que tomará uma decisão. Quando uma pessoa decide fazer uma faculdade de medicina, por exemplo, essa pessoa arcará não só com os custos da própria faculdade (matrícula e mensalidades), dos materiais e do deslocamento para frequentar as aulas. Arcará também com o custo da segunda melhor alternativa (à faculdade de medicina). Suponha-se que essa pessoa – que está a decidir se faz ou não faculdade de medicina – seja uma vendedora de seguros talentosa, mas que terá de largar o emprego caso decida tornar-se estudante de medicina e, no futuro, médica. O custo de oportunidade que essa futura médica assumirá ao decidir pelo curso de medicina consiste nos salários e bonificações dos quais estará a abrir mão na condição de vendedora de seguros. O custo total da

99 "Custos de localização – são aqueles envolvidos em encontrar o bem ou o direito a ser negociado, ou aquele que detém o bem ou direito a ser negociado. É muito fácil encontrar uma lata de Coca-Cola para comprar, mas é difícil encontrar um fusca 68, verde, com faixas brancas nos pneus para comprar. A especificação do ativo ou do direito vai influenciar no custo de localização. Custos de negociação – são aqueles que permeiam a negociação do bem ou do direito. O número de indivíduos envolvidos em uma negociação, assim como a animosidade entre estes indivíduos, são os fatores mais importantes na determinação dos custos de negociação. A negociação entre dois indivíduos que não se odeiam é mais fácil do que entre inimigos. Custos de supervisão – são aqueles relacionados com a verificação do acordo feito. Neste campo, o tempo é um fator importante. Quando fazemos acordos de cumprimento imediato, o custo de supervisionar o acordo é baixo. Já quando fazemos acordos diferidos no tempo, o custo tende a se elevar. A venda de um objeto com a permuta imediata do bem pelo dinheiro tem um custo de supervisão mais baixo do que uma venda onde uma primeira parcela do pagamento é efetuada no ato da venda. A entrega do bem ocorre em trinta dias e a quitação em sessenta dias. Neste caso, existe a necessidade de supervisão recíproca entre o comprador e o vendedor" (Porto e Franco, 2016:222).

faculdade de medicina, portanto, resulta da soma dos gastos efetivos com a faculdade (matrícula, materiais, mensalidades) com o custo de oportunidade (salários e bonificações que adviriam da profissão de vendedor de seguros).

Pois bem. Um primeiro e óbvio benefício é a diminuição do custo de deslocamento (espécie de custo de transação). Enquanto no procedimento tradicional as partes são normalmente obrigadas a se apresentar fisicamente em juízo, no procedimento *online* não há essa obrigatoriedade. Uma pessoa que decida se valer de um sistema *online* de resolução de controvérsias pode fazê-lo do conforto de sua casa, bastando para tanto possuir acesso à internet. Com efeito, o tempo que um reclamante precisa destinar a um procedimento *online* para a solução de sua controvérsia é significativamente menor que o tempo despendido com o sistema estatal (Judiciário): nos sistemas *online*, há apenas a necessidade de escrever uma reclamação e de aguardar a resposta. Os custos de deslocamento, portanto, reduzem-se com os sistemas *online* de resolução de controvérsias.

Como consequência desse primeiro benefício (redução dos custos de deslocamento), a solução de controvérsias, quando realizada por meio de sistemas *online*, é comparativamente mais rápida. Enquanto o tempo médio de solução de litígios civis nos tribunais estaduais é de seis anos e nove meses,[100] da distribuição até a execução, o tempo médio, a título de exemplo, de resposta à maioria das reclamações do *site* ReclameAqui é muito mais baixo: apenas três dias. O tempo envolvido na resolução dos litígios, vale pontuar, é de fundamental importância tanto para as partes quanto para a sociedade como um todo. Como os processos consumeristas podem ser resolvidos em indenização ou ressarcimento, e ambos podem ser representados em dinheiro, esse volume é traduzido em expectativa de ganho para o consumidor e em expectativa de gasto para a empresa envolvida no

---

100 Disponível em: <www.conjur.com.br/dl/justica-numeros-2017.pdf>. Acesso em: 26 jun. 2019.

litígio. Ocorre que, enquanto essas expectativas não se realizam, não se tornam concretas, isto é, enquanto não deixam de ser potência para se tornar (f)ato, as pessoas que são titulares dessas expectativas pouco podem fazer com elas. O efeito direto disso pode ser traduzido em termos de custo de oportunidade: mesmo que o consumidor tenha direito à reparação, ao ressarcimento, não disporá de dinheiro para gastar, realizar investimentos, emprestar. Na perspectiva da empresa, de outra parte, o dinheiro também tende a ficar indisponível (parado) por um tempo. É prática contábil comum nas empresas o provisionamento (reserva) de recursos para saldar as demandas nas quais são rés. Dinheiro em disputa, expectado ou provisionado, é dinheiro que não pode ser investido ou gasto. E dinheiro que não pode ser investido ou gasto é dinheiro que não serve para o firmamento de contratos, meio jurídico pelo qual se criam excedentes econômicos (isto é, excedentes do produtor[101] e do consumidor), riqueza e bem-estar.

Além disso, como a relação de consumo envolve em larga medida a confiança do consumidor, o período em que a controvérsia está a ser discutida em juízo pode contribuir para desestimular as relações futuras entre consumidor e fornecedor. Os métodos de autocomposição são indicados precisamente para mitigar esse efeito, garantindo-se a continuidade das relações comerciais entre consumidor e empresa (fornecedor). Os métodos alternativos de resolução de conflitos, portanto, já partem da ideia de manutenção das relações comerciais.

O último benefício que merece ser considerado relaciona-se com os gastos das empresas com demandas judiciais. Um levantamento do *site Valor Econômico* traz os valores desses gastos: cerca de 2% do

---

101 "Excedente do produtor é o montante que um vendedor recebe menos o seu custo da produção. O excedente do produtor mede o benefício que os vendedores recebem por sua participação em um mercado. [...] Excedente do consumidor é a quantia que um comprador está disposto a pagar por um bem menos a quantia que realmente paga por ele" (Mankiw, 2014:131-135).

faturamento das empresas são despendidos com litígios.[102] As demandas consumeristas ocupam, considerado seu volume, o terceiro lugar no *ranking* dos gastos das empresas com demandas judiciais. É interessante, nesse sentido, a declaração de um dos coordenadores do estudo, Gilberto Luiz do Amaral: "Apesar de todo esforço do Judiciário para reduzir demandas (como conciliações e o processo eletrônico), os gastos das empresas para administrar processos judiciais são muito relevantes".

Essa declaração coaduna-se perfeitamente com o que vem sendo defendido neste trabalho: os métodos *online* de resolução de controvérsias são ferramentas fundamentais para a diminuição dos custos, tanto das empresas quanto do Estado.

Fragilidades

Todos os benefícios que foram considerados até agora pressupõem, de certa forma, o sucesso da autocomposição *online*. Contudo, existem razões para crer que esse sucesso nem sempre pode ser alcançado, por exemplo, quando há vigorosa animosidade entre as partes ou desleixo do demandado em face das reclamações do demandante (em geral, o consumidor). Quando as partes não compõem suas controvérsias de maneira voluntária, o que resta para o consumidor (demandante) é a busca da via judicial.

A animosidade ou o desleixo de uma ou ambas as partes torna evidente a principal fragilidade dos sistemas *online* de resolução de controvérsias: a falta de coercibilidade. Em outras palavras, enquanto no processo judicial existe uma série de sanções para a parte que não cumpra suas obrigações processuais – tendo na figura do juiz o zelador do processo, responsável pelo seu impulso –, os sistemas

---

102 Disponível em: <www.valor.com.br/legislacao/4396104/gastos-de-empresas-com-acoes-chegam-r-124-bi>. Acesso em: 26 jun. 2019.

online não são caracterizados por impulso oficial nem possuem sanções que possam ser dirigidas às partes.[103]

A partir disso, é possível afirmar que, quando os sistemas de resolução *online* de controvérsias não levam a resultados satisfatórios, o tempo médio de trâmite das controvérsias incrementar-se-á quase que automaticamente. Isso pode ser constatado pela simples soma dos períodos de trâmite das demandas pelos meios *online* e judicial. Se os meios *online* forem um passo inútil que antecede a via judicial, seu uso aumentará o tempo de trâmite das demandas – de existência das controvérsias –, o que pode ser traduzido em termos de custo de oportunidade.

Vale aqui introduzir os conceitos de valor presente e valor futuro. A economia – a análise econômica – distingue o valor presente do valor futuro de qualquer bem econômico, inclusive do dinheiro.

---

103 É interessante notar, no entanto, que, em mercados de consumo competitivos, a reputação faz as vezes da coerção, isto é, coage os jogadores a se comportar cooperativamente. Mercados de consumo competitivos, para a teoria dos jogos, são jogos de cooperação repetidos (repetitivos), isto é, jogos nos quais a cooperação gera ganhos para compradores (consumidores) e vendedores (empresas) e nos quais existem múltiplas rodadas – empresas vendem e consumidores compram bens e serviços ao longo do tempo. Em jogos de cooperação repetidos (repetitivos), a construção de relações de confiança está no interesse tanto de compradores (consumidores) quanto de vendedores (empresas). É por meio de relações de confiança que jogos repetidos (repetitivos) podem continuar a se repetir e a gerar ganhos para os jogadores. E relações de confiança baseiam-se na reputação dos jogadores. Jogadores cuja reputação não inspire confiança dificilmente conseguirão estabelecer relações de longo prazo com outros jogadores. Ou seja, empresas com má reputação dificilmente conseguirão manter-se no mercado, já que consumidores optarão pelos produtos e serviços das empresas com boa reputação. Sistemas *online* de resolução de controvérsias, portanto, podem contornar o problema da falta de coerção estabelecendo mecanismos de reputação tanto de empresas quanto de consumidores. Na existência de mecanismos de reputação, as empresas se esforçarão tanto para atender a tempo e modo às reclamações dos consumidores quanto para reduzir o número de reclamações, incrementando a qualidade dos bens e serviços que colocam no mercado. Por outro lado, existindo mecanismos de reputação, consumidores evitarão promover reclamações frívolas, a fim de que as reclamações que realmente mereçam atenção das empresas inspirem confiança e sejam atendidas a tempo e modo. Sobre jogos repetidos e a importância da reputação, ver Cooter e Ulen (2016:35-37).

O futuro está, sempre, sujeito a riscos e contingências, mais ou menos previsíveis, expressas, tanto quanto possível, pelas taxas de juros que vigoram nos diferentes mercados e nas diferentes economias nacionais e setoriais. Em razão disso, isto é, em virtude das contingências a que o futuro está sujeito, quaisquer valores no futuro valem menos – possuem menor "utilidade" – do que no presente. Ao traduzir um valor futuro em valor presente, os economistas costumam aplicar uma taxa de desconto (que, talvez se possa dizer, é o reflexo invertido das taxas de juros).

Não é, contudo, necessário ser economista para intuir isso. Qualquer pessoa, quando confrontada com a pergunta "Você prefere receber R$ 100 agora ou daqui a 10 anos?", dirá que prefere receber os R$ 100 agora. Quem garante que, daqui a 10 anos, o Brasil não terá sofrido um colapso monetário, vindo a adotar outra moeda? Essa situação não é infrequente na história monetária do Brasil. Pode ser que, daqui a 10 anos, uma nota de R$ 100 não passe de um pedaço de papel sem lastro. Há mais. Pode ser que, daqui a 10 anos, a pessoa a quem foi feita a promessa de recebimento dos R$ 100 já tenha morrido. Sendo esse o caso, de que valerão os R$ 100?

A equação matemática que representa essas ideias é a seguinte: $VF = VP \times (1 + i)^t$, em que VF é o valor futuro; VP, o valor presente; i, a taxa de juros; e t, a distância temporal entre o presente e o futuro. Supondo-se que a taxa de juros seja de 5% ao ano, os R$ 100 em 10 anos do exemplo anterior equivalerão a apenas R$ 61,34 hoje.[104] Aí está a comprovação matemática de que são preferíveis R$ 100 hoje a R$ 100 daqui a 10 anos. A uma taxa de juros de 5% ao ano, os R$ 100 do futuro valerão só R$ 61,34.

A ideia de que o futuro está sujeito a contingências – da qual resultam os conceitos de valor presente e futuro – relaciona-se com o problema da falta de coerção (coercibilidade) dos sistemas de resolução *online* de controvérsias da seguinte maneira: quanto

---

104 $100 = VP \times (1 + 0{,}05)^{10}$.

maior for a chance de um litígio se resolver por meio dos sistemas de resolução *online* de controvérsias sem que o titular do direito tenha de recorrer ao Judiciário, maior será o valor presente do bem jurídico (do bem da vida, isto é, da indenização, do ressarcimento, do conserto, da troca) reclamado. Assim, maior será o incentivo ao uso desses sistemas. Sistemas de resolução *online* de controvérsias que contornem o problema da ausência de coerção por meio, por exemplo, de mecanismos de reputação reduzem as incertezas às quais estão sujeitos os consumidores nos mercados e, em certa medida, fortalecem a economia. Sistemas de resolução *online* de controvérsias que sejam efetivos reduzem a distância temporal entre os valores presente e futuro dos litígios – dos bens jurídicos em discussão nos litígios – processados por meio desses sistemas. E quanto menos o futuro se distanciar do presente, melhor: menores serão as incertezas a que os agentes econômicos (as pessoas) estarão sujeitos(as).

Demais disso, sistemas de resolução *online* de controvérsias que contornem o problema da ausência de coerção por meio de mecanismos de reputação podem, por si sós, reduzir o número de controvérsias. Como as empresas prezam por sua reputação, buscarão evitar colocar no mercado bens e serviços que deem ensejo a reclamações. A conclusão é a de que cumpre aos sistemas de resolução *online* de controvérsias contornar o problema da ausência de coerção por meio de mecanismos de reputação, para que não se tornem uma etapa inútil antecedente ao processo judicial, este, sim, dotado de coerção. Sistemas de resolução *online* de controvérsias inúteis, que não contornem o problema da ausência de coerção, apenas incrementarão o tempo de resolução das reclamações dos consumidores (de solução dos litígios entre consumidores e empresas). E o aumento do tempo de solução dos litígios significa incremento do risco de que bens e serviços não sejam consumidos. Sistemas de resolução *online* de controvérsias que se mostrem inúteis podem, portanto, desincentivar a atividade econômica.

5

Exemplos de sucesso

As tecnologias jurídicas e as ODRs se expandem e se aperfeiçoam de acordo com as necessidades crescentes do comércio *online* e das controvérsias nascidas desse ambiente. Têm se destacado, nesse sentido, soluções tecnológicas para problemas de ofensas, de reputação empresarial, de disputas editoriais e de propriedade intelectual. Segundo Arbix (2017:68), recentemente os mecanismos de ODR tiveram por foco a resolução de demandas repetitivas e de baixo custo acerca de seguros, pagamentos, comércio eletrônico e nomes de domínio.

Nada obstante, pesquisa de 2017 realizada pela Associação Brasileira de Lawtechs e Legaltechs concluiu que, do total da demanda das empresas por ferramentas jurídico-digitais, apenas 2% dirigem-se para plataformas de negociação de acordos.[105] Essa baixa procura pode advir da falta de conhecimento do público a respeito das tecnologias jurídicas e, sobremaneira, das ODRs; pode resultar também da cultura litigante – no sentido de cultura da lide, da discussão judicial – existente no Brasil.

Ocorre que a estrutura do Judiciário não é capaz de gerenciar e solucionar de forma célere todos os casos que se lhe apresentam. Há, por assim dizer, um engessamento estrutural do Judiciário.

---

105 Disponível em: <https://startupi.com.br/2017/07/ab2l-apresenta-primeira-pesquisa-nacional-sobre-o-cenario-de-lawtechs-e-legaltechs/>. Acesso em: 11 jun. 2019.

É aí que entram as ODRs. Ainda que precisem superar algumas barreiras, como a desconfiança dos usuários, as ODRs podem revolucionar o ambiente das controvérsias surgidas no seio da sociedade, o que, aliás, já vem ocorrendo com sucesso. Nesta seção, dedicar-nos-emos a expor como as novas aplicações vêm oferecendo soluções rápidas, práticas e econômicas de resolução de controvérsias e de auxílio aos operadores do direito que atuam no contencioso.

Modria

Quando se trata de aplicações de ODR, a referência internacional é a plataforma Modria. Fundada em 2011 por Colin Rule e Chittu Nagarajan, tinha a finalidade de criar soluções para a resolução de controvérsias advindas de ambientes *online*, desde reclamações de pequeno valor econômico até causas de grande dimensão (Raymond e Shackelford, 2014).[106] Rule, vale referir, foi o responsável pelo *design* do sistema de resolução de controvérsias do eBay. Nagarajan, por sua vez, desenvolvera o maior sistema de ODR da Ásia, o ODRWorld.

Uma vez fundada, a Modria foi chamada a elaborar soluções rápidas e imparciais de ODR para empresas e governos. Nesse sentido, de acordo com a CrunchBase,[107] a Modria atingiu, em 2011, o número de 60 milhões de casos solucionados, o que, em termos de valores em discussão, representava algo em torno dos US$ 12 milhões.

Tendo ganhado tração e a preferência do mercado – casos de sucesso incluem, por exemplo, as soluções pensadas para o eBay e para o PayPal –, em 2013 a Modria investiu US$ 5 milhões para melhorar seu atendimento, trabalhando hoje com uma base de mais

---

[106] Disponível em: <http://repository.law.umich.edu/mjil/vol35/iss3/1>. Acesso em: 23 maio 2019.

[107] Disponível em inglês em: <www.crunchbase.com/organization/modria#section-overview>. Acesso em: 24 maio 2019.

de 400 mil consumidores.[108] Trata-se, como dito, de uma das mais bem-sucedidas empresas de ODR no mundo, sendo aquela cujas soluções são as mais utilizadas.

Em 2017, a Modria foi adquirida pela Tyler Technologies, uma empresa especializada em desenvolvimento de *softwares* rápidos e eficientes para governos, de acordo com as necessidades dos tribunais de cada jurisdição.

O diferencial da Modria em relação às demais ODRs está no mecanismo de funcionamento: a aplicação se adapta às necessidades dos clientes, que podem personalizar as interfaces. A plataforma segue a lógica do passo a passo, apresentando a cada etapa alternativas para a solução da controvérsia que, caso insuficientes, darão lugar a etapas subsequentes e a novas alternativas. Por meio das soluções criadas pela Modria, vale notar, as partes podem negociar entre si a solução da controvérsia ou se servir de um mediador, se necessário. A plataforma[109] se destaca pelas facilidades descritas abaixo:

- discussão – permite com facilidade que as partes entrem em discussão *online* para solucionar divergências;
- *online filing* – ferramenta para que qualquer uma das partes possa iniciar qualquer tipo de disputa;
- suporte para mediação e arbitragem – a plataforma dispõe de recurso em que qualquer uma das partes pode solicitar a participação de um terceiro (neutro) na mediação do conflito;
- *easy deployment* – sistema que permite que os proprietários de *sites* lancem um mecanismo de *online dispute resolution* na sua própria página da internet;
- integração – disponibiliza formas de integração de interfaces de programas e serviços utilizados pelos usuários;

---

108 Disponível em inglês em: <www.vcnewsdaily.com/modria/venture-capital-funding/nldfgrdtwd>. Acesso em: 24 maio 2019.

109 Disponível em inglês em: <www.tylertech.com/Products/Modria/Modria-Feature-Comparison-Chart.pdf>. Acesso em: 24 maio 2019.

- compatibilidade e acessibilidade – facilidade de acesso à plataforma Modria por partes, assistentes de cortes, mediadores;
- administrador de disputa – facilita o controle das disputas que estão em trâmite;
- controle de base de dados – controle de acesso a informações dentro das bases da Modria aos membros das organizações a fim de garantir privacidade e limites.

A Modria é uma plataforma que está disponível na nuvem (*cloud based platform*), podendo ser acessada por meio dos navegadores de internet ou integrada aos *softwares* de administração de casos utilizados por empresas, escritórios e tribunais. Desde a aquisição da plataforma pela Tyler Technologies, esta última tem dado destaque à possibilidade de integrar a Modria ao *software* Odyssey, que é a ferramenta de gestão de casos da própria Tyler Technologies (algo próximo do processo judicial eletrônico), utilizada por mais de 24 estados americanos.[110]

A Modria funciona para quase todas as demandas civis e consumeristas (por exemplo, cobrança de débitos, locações comerciais e residenciais, demandas consumeristas e mesmo guarda de filhos).[111] A lógica que está por trás dos produtos da Modria é a dos fluxogramas (árvores) de decisão. Por meio de respostas fornecidas pelos usuários (isto é, o interessado acessa a plataforma e responde a algumas questões), a Modria identifica a natureza da demanda e, a partir daí, oferece aos usuários as alternativas que entende adequadas para que estes conduzam a negociação de sua disputa. Ou seja: a Modria não é uma mera ponte de contato entre as partes. Uma vez identificada a natureza da demanda, a Modria canaliza o processo de negociação, possibilitando às partes escolher

---

[110] Disponível em: <www.tylertech.com/products/odyssey>. Acesso em: 14 ago. 2019.

[111] Disponível em: <www.tylertech.com/products/modria>. Acesso em: 14 ago. 2019.

as soluções mais comumente utilizadas e que melhor se ajustam à disputa em questão.

No que concerne ao método de comunicação disponibilizado pela plataforma aos usuários, a Modria vale-se de comunicações assíncronas (isto é, que não se dão ao mesmo tempo, método que também caracteriza os *e-mails*) integradas no seu sistema, o que permite às partes melhor avaliar sua posição e a posição da outra parte, evitando que emoções interfiram no processo de negociação (as partes têm tempo para refletir e responder às mensagens uma da outra da maneira mais apropriada). No caso de a negociação falhar, a Modria disponibiliza às partes mediadores humanos e é mesmo capaz de sugerir resultados (sugerir "decisões" jurídicas, adjudicações de direitos) de maneira automática (os usuários podem "*refer the case for an evaluative outcome*").

eBay (SquareTrade)

O pioneiro e grande marco internacional das ODRs é o sistema desenvolvido por Colin Rule para o eBay, que, como gigante do comércio eletrônico, serve de plataforma global de negociações comerciais, por meio da qual qualquer pessoa cadastrada pode comprar e vender bens e serviços.

A aplicação de solução de controvérsias da companhia é bastante simples. É extremamente fácil registrar uma reclamação. Nesse sistema, os usuários são guiados por meio de uma série de perguntas e explicações com o objetivo de fazê-los alcançar uma solução amigável. A aplicação permite que quaisquer pessoas cadastradas no *site* possam abrir reclamações sem custos, sejam elas vendedores ou compradores.

Para solucionar as controvérsias da empresa, o eBay utilizou o sistema de ODR provindo da SquareTrade, empresa fundada em 1999 e descontinuada em 2008. Num primeiro momento, a SquareTrade se colocou no mercado de ODRs apresentando dois serviços: um gratuito, para que as partes pudessem resolver seus próprios conflitos; e outro pago (valor da taxa nominal: US$ 30), em que se disponibilizava para as partes um mediador profissional. No primeiro caso, bastava ao interessado preencher um formulário com as informações respeitantes à sua reclamação. A partir disso, o sistema recomendava soluções. No segundo, identificada a natureza da reclamação, o mediador humano, mediante *e-mails*, canalizava a negociação das partes, a fim de que chegassem à melhor solução da controvérsia.

Atualmente, o sistema do eBay baseia-se sobretudo na ideia de negociação automatizada, oferecendo ainda as possibilidades de mediação e de adjudicação por um júri, formado por vendedores, que dão seus votos por meio eletrônico. A empresa resolve algo em torno de 60 milhões de disputas por ano, o que garante ao sistema do eBay o título de maior centro de resolução de disputas em nível mundial.[112]

O sistema do eBay, portanto, diagnostica problemas, canaliza a negociação entre as partes e oferece também métodos de mediação e arbitragem. Uma reclamação tem início quando um usuário comunica a existência de um problema por meio do *link* disponível para tanto (https://resolutioncenter.ebay.com/). A partir disso, o sistema oferece as seguintes opções: "Ainda não recebi um item", "Recebi um item que não corresponde à descrição do vendedor", "Ainda não recebi meu pagamento" e "O comprador e eu concordamos em cancelar a transação". Caso o problema seja de outra natureza, é possível se dirigir a uma página mais detalhada.

Pela ótica do comprador, no caso de não entrega de um item, se o pagamento se tiver dado por PayPal (sistema de pagamentos do próprio eBay), o eBay garante a devolução do dinheiro quando o

---

112 Disponível em: <https://2016odr.wordpress.com/2016/04/14/odr-platforms-ebay-resolution-center/>. Acesso em: 12 jun. 2019.

comprador comunicar, em até 30 dias, a ocorrência do problema e também se, passados três dias desde a comunicação inicial, o comprador não houver recebido uma resposta satisfatória do vendedor. Quanto o pagamento não houver se dado por PayPal, o eBay dá ao comprador os mesmos 30 dias para comunicar problemas com a compra, instante a partir do qual o vendedor é contatado para, em três dias, fornecer uma resposta satisfatória. Na falta desta, cumpre ao comprador requerer a ajuda do eBay para que promova uma investigação da compra, podendo a empresa, por fim, emitir um reembolso, tomar medidas sancionatórias contra o vendedor (suspender ou excluir a conta) ou mesmo colaborar com as autoridades policiais nos casos de fraudes.

Por outro lado, pela ótica do vendedor, no caso de não pagamento pelo item, o eBay garante a devolução da tarifa que cobraria pela venda. O que o eBay não pode fazer é enviar os itens negociados ou pagar aos vendedores pela venda, já que, como mercado *online*, apenas intermedeia os contatos entre vendedores e compradores (não possui os itens negociados em depósito). O processo de automatização do eBay mostra que 90% dos casos são resolvidos pela via *online*, sem qualquer intervenção humana (Ambrogi, 2016).[113]

ReclameAqui

A empresa ReclameAqui foi uma das principais propulsoras do movimento de resolução de disputas *online* no Brasil. Fundada em 2001 por Maurício Vargas, atual CEO, foi criada com o objetivo de ser um centro de reclamações por problemas de consumo.

Cumpre mencionar que Vargas deu início ao *site* depois de, na condição de consumidor de uma companhia aérea, ter um voo

---

113 Disponível em: <www.lawsitesblog.com/2016/04/future-online-dispute-resolution.html>. Acesso em: 12 jun. 2019.

cancelado, o que lhe causou perda de negócios na cidade de destino.[114] A ideia do ReclameAqui, entretanto, não adveio do simples cancelamento do voo, mas do fato de Vargas não ter suas reclamações atendidas pela companhia aérea de maneira satisfatória.

O objetivo primeiro do ReclameAqui era o de se estabelecer como canal de reclamação sobre produtos e serviços. Embora nesse primeiro instante apenas pessoas próximas ao fundador utilizassem o *site*, o ganho de escala não tardou: os fornecedores passaram a lhe dispensar atenção, a fim de evitar manchas às suas reputações *online*. Hoje em dia, por outro lado, o ReclameAqui funciona quase como selo de qualidade de vendedores: antes de qualquer compra, não é incomum que consumidores busquem a reputação do vendedor no ReclameAqui (95% dos acessos atende a essa finalidade, sendo os outros 5% responsáveis pela promoção de novas reclamações). De fato, o *site* recebe 700 mil visitas diárias e algo em torno de 30 mil reclamações, das quais aproximadamente 82% são resolvidas em até três dias (tempo de resolução bem inferior ao das reclamações apresentadas aos Procons, por exemplo).[115]

O funcionamento do ReclameAqui é bastante simples: basta aos consumidores realizar cadastro e descrever o problema que tiveram com o vendedor (a empresa reclamada). O problema (a reclamação) é, então, publicado(a) e a empresa, notificada, a fim de dar resposta ao consumidor e comentar a publicação.

Todas as reclamações compõem um banco de dados, a permitir a formação de um *ranking* das empresas com base na quantidade de demandas resolvidas. Mas a coisa não para por aí. O *ranking* possibilita o estabelecimento da reputação das empresas e a medição do grau de satisfação dos consumidores.

---

114 Disponível em: <https://epoca.globo.com/vida/vida-util/consumo/noticia/2013/08/historia-do-breclameaquib.html>. Acesso em: 4 jul. 2019.

115 Disponível em: <https://noticias.reclameaqui.com.br/noticias/reclame-aqui-voce-usa-o-site-para-reclamar-ou-pesquisar_3434/>. Acesso em: 5 jul. 2019.

Dada a dimensão atual do ReclameAqui e seu impacto nos negócios das empresas, o *site* conta hoje com um grupo de moderadores de conteúdo, a fim de evitar abusos e manchas desnecessárias na reputação das empresas. Reclamações inverídicas são retiradas do *site* e do seu banco de dados.

Leegol

O Leegol é a plataforma (*site*) de mediação criada(o) pelo ReclameAqui para mediação de conflitos. Cobra dos usuários um percentual sobre o valor das controvérsias que medeia. O *site* (www.leegol.com) é homologado, enquanto método alternativo de resolução de conflitos, pelo Tribunal de Justiça de São Paulo (TJSP) e propõe-se a resolver conflitos pela via *online*, capacitando mediadores para tanto.

Antes do Leegol, o ReclameAqui pusera à disposição dos usuários a plataforma O Mediador, que tinha por objetivo sanar os problemas que não eram solucionados por meio do ReclameAqui. A plataforma foi renomeada para Legool, mas a finalidade da empresa continuou a ser a mesma: ser um sistema de resolução de conflitos *online* prático e eficiente.

O procedimento para resolver uma disputa no *site* é razoavelmente simples, dividindo-se em quatro etapas. A primeira consiste em solicitar a mediação do conflito. Tem início com o cadastramento no *site*, passando-se, na sequência, ao relato do problema, o que permitirá a convocação (convite) do (outro) contendedor para a mediação. A segunda etapa é a do agendamento: aceito o convite, cumpre às partes escolher data e horário para a sessão de mediação. A terceira etapa é a da sessão de mediação, que tem a duração de uma hora.[116] A quarta e última etapa dá-se, de um lado, quando, em caso de composição amigável, os interessados recebem, via SMS, um *link* para a assinatura eletrônica do termo de acordo, o que se pode dar por meio da tela de um telefone celular. De outro lado, no caso

---

116 Disponível em: <www.leegol.com/termos-e-politicas>. Acesso em: 14 ago. 2019.

de as partes não chegarem à composição na quarta e última etapa, o sistema emite um documento a atestar a tentativa das partes de solucionar amigavelmente a controvérsia.

Mercado Livre (Meli)

Fundado em 1991, o Mercado Livre se coloca hoje como o maior *marketplace* da América Latina. A fim de atrair mais clientes e conferir maior confiabilidade à sua plataforma, o Mercado Livre pôs, em 2017, à disposição dos usuários sua própria ODR, o Meli, declarando, como objetivos sociais da iniciativa, a democratização do espaço *online* e a diminuição do número de demandas ajuizadas perante o Judiciário.

Conforme entrevista concedida por Ricardo Dalmaso Marques, gerente jurídico sênior do Mercado Livre, a Tainá Freitas (2019),[117] a empresa atingiu a marca de 98,9% de resolução dos casos discutidos por meio de sua ODR – que é gratuita –, quer por negociação quer por mediação (sim, a plataforma oferece um mediador externo caso as partes desejem).

Existem ainda vários mecanismos que evitam a ocorrência de disputas. Destaque-se, nesse sentido, o sistema "compra garantida", que serve de seguro de uma compra e venda realizada por dois usuários, cuja duração, em favor do comprador, é de 28 dias desde a compra e de mais 10 dias desde o recebimento do produto. Esse sistema é integrado ao primeiro passo das reclamações: a "compra garantida" é acionada desde o instante em que, uma vez realizada uma reclamação por um comprador, o vendedor nada responda no prazo que lhe for fornecido. O passo seguinte – isto é, caso a "compra garantida" não se aplique à hipótese – é a possibilidade de negociação entre comprador e vendedor por meio de um *chat*. Se as partes não chegarem a um acordo, o Mercado Livre disponibilizará

117 Disponível em: <www.startse.com/noticia/nova-economia/64894/mercado-livre-odr-resolucao-conflito>. Acesso em: 30 maio 2019.

um funcionário seu para fazer a mediação do conflito. Se, por fim, a mediação falhar, o Mercado Livre propõe a resolução por meio do consumidor.gov, plataforma de negociação do Ministério da Justiça.

A título de comparação, estudo realizado pelo Juizado Especial Cível (JEC) do Rio de Janeiro em 2017 (Ferreira, 2017)[118] deu conta de que, na maioria dos casos, os reclamantes não entraram em contato previamente com a parte adversa. Essas ações, é claro, foram responsáveis por um assoberbamento do Judiciário daquele estado da Federação.

Figura 1

Estudo JEC-RJ: autores com muitas demandas

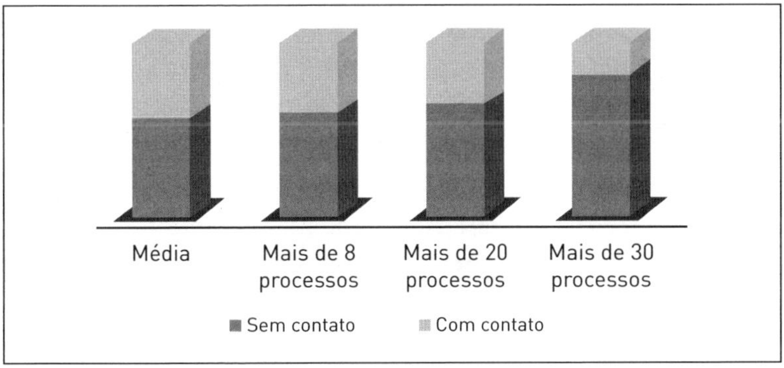

Fonte: <www.migalhas.com.br/dePeso>. Acesso em: 30 maio 2019.

O Mercado Livre, por outro lado, informa que, entre 2016 e 2018, os casos processados por meio de sua ODR ultrapassaram a marca de 17 milhões, 70% dos quais foram resolvidos ainda na fase das reclamações, e o restante (30%), na aplicação de mediação atípica (isto é, mediante contato do Mercado Livre com o vendedor).

Ressalte-se novamente: a ODR do Mercado Livre é integrada ao consumidor.gov, alocado na base da Empodera. Ou seja, o cliente que utilizar os serviços do Mercado Livre poderá recorrer, no caso de insucesso da plataforma do Mercado Livre, ao consumidor.gov.

118 Disponível em: <www.migalhas.com.br/dePeso/16,MI270237,71043-TJRJ+gasta+milhoes+com+processos+desnecessarios>. Acesso em: 30 maio 2019.

Por último, a opção disponível aos usuários é intitulada Action, que é o ato do Mercado Livre de expor aos usuários os benefícios da mediação – em lugar da judicialização do conflito, que é o que costumava ocorrer antes de o Mercado Livre disponibilizar sua plataforma da maneira como está hoje aos usuários.

Figura 2
Modelo tradicional

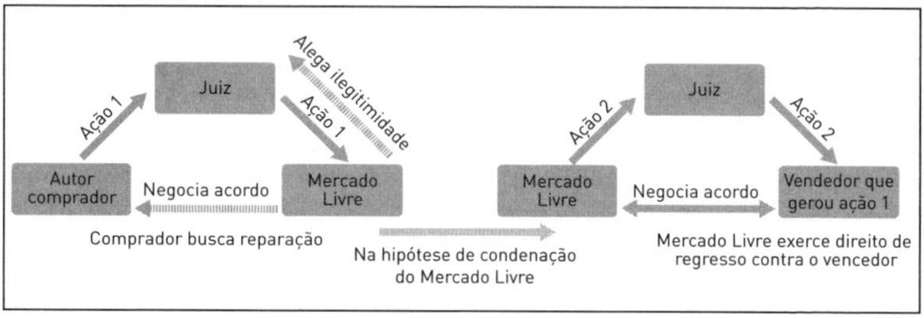

Fonte: Mercado Livre.

O projeto Action tem a finalidade de reduzir a burocracia e facilitar a interlocução entre vendedor e comprador. Trata-se de o Mercado Livre intervir quando existir alguma ação e apresentar ao vendedor uma avaliação da mediação, seus benefícios, vantagens e economia financeira e de tempo. O esquema abaixo exemplifica como ocorre a intervenção.

Figura 3
Modelo Action

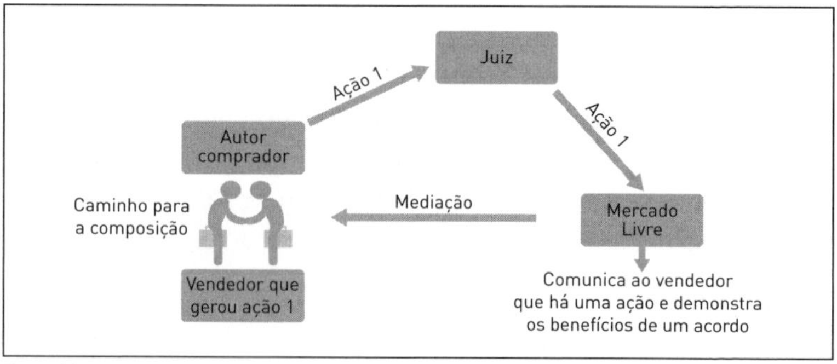

Fonte: Mercado Livre.

O Action obteve a primeira colocação no prêmio Conciliar é Legal do CNJ em 2016, o segundo lugar no prêmio Práticas de Departamento Jurídico (FDJUR) e foi vencedor da 13ª edição do prêmio Innovare, bem como do XVI prêmio ABT.

Consumidor.gov.br (consumidor.gov)

Em 27 de junho de 2014, a Secretaria Nacional do Consumidor do Ministério da Justiça (Senacon) lançou o portal consumidor.gov.br (consumidor.gov). Apesar da estreia tímida (provavelmente pela baixa publicidade do lançamento), noticiou-se, pouco mais de dois meses depois, o pequeno sucesso alcançado: "Cerca de 22 mil consumidores estão cadastrados e mais de 13 mil já registraram suas reclamações".[119]

O mecanismo de interação é bastante simples: basta que o consumidor faça um cadastro no *site*, por meio de uma página intuitiva e clara, e que a empresa fornecedora do bem ou serviço também esteja cadastrada, para que o procedimento da reclamação tenha início. Uma vez registrada a reclamação, abre-se o prazo de 10 dias para o fornecedor (vendedor) se manifestar. Com a resposta do vendedor, o consumidor tem a prerrogativa de comentar o retorno recebido, classificar a demanda como "resolvida" ou "não resolvida" e, ainda, indicar seu nível de satisfação com o atendimento prestado pelo fornecedor. Não há intermediação por nenhum terceiro nem adjudicação automática: a plataforma serve apenas como ponte de contato entre consumidor e fornecedor (vendedor, empresa).

Por se tratar de um serviço provido e mantido pelo Estado, com ênfase na interatividade entre consumidores e fornecedores para a redução de conflitos de consumo, a participação de empresas só é

---

119 Disponível em: <www.novo.justica.gov.br/news/consumidor-gov-br-ja-esta-disponivel-para-consumidores-de-todo-brasil>. Acesso em: 24 maio 2019.

permitida àquelas que aderirem formalmente ao serviço, mediante assinatura de um termo no qual se comprometem a conhecer, analisar e empregar todos os esforços possíveis para a solução dos problemas apresentados. Ao consumidor, por outro lado, cabe identificar-se adequadamente e apresentar todos os dados e informações relacionados com o problema de consumo.

Todos os dados resultantes das reclamações registradas são arquivados na base de dados da plataforma, de caráter público.

Não se pode negar que a instituição de um canal de comunicação como o consumidor.gov.br é um passo significativo para angariar a composição de conflitos sem que se precise alcançar a tutela judicial.

A nova Senacon tem ampliado e modernizado a atuação da pasta na formulação de políticas públicas de proteção e defesa dos direitos do consumidor. Noticiou-se, nesse sentido, que o foco da Senacon passou a ser a disseminação da plataforma. O objetivo da secretaria é o de transformar a plataforma na principal ferramenta destinada à redução do número de litígios de consumo. "Temos nas mãos uma ferramenta ainda pouco conhecida pela sociedade, capaz de resolver disputas, em uma semana, que levariam até seis anos para se chegar a uma solução",[120] afirmou o atual secretário, Luciano Timm, referindo-se ao tempo médio de tramitação de um processo na Justiça comum.

De acordo com a figura 4, 49,4% das reclamações processadas por meio do consumidor.gov têm como origem o Sudeste; 20,2%, a região Sul; 15,7%, a região Nordeste; 9,9%, a região Centro-Oeste; e 3,6%, a região Norte.

Atualmente, já foram finalizados quase 2 milhões de reclamações. O total de usuários cadastrados, por seu turno, gira em torno de 1,5 milhão, dos quais 516 são empresas.

---

120 Disponível em: <www.justica.gov.br/news/collective-nitf-content-1546882100.0>. Acesso em: 19 out. 2019.

Figura 4
Reclamações na plataforma ao redor do Brasil – consumidor.gov.br

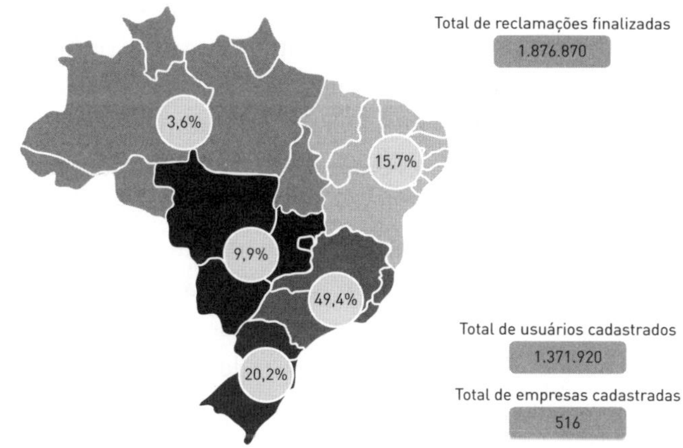

Fonte: <www.consumidor.gov.br/pages/indicador/infografico/abrir>. Acesso em: 30 maio 2019.

Desde que o portal foi criado, o número de reclamações vem crescendo ano a ano. Considerando-se que os dados disponíveis ao público não apresentam um número de identificação do usuário, não é possível estabelecer quantos consumidores reclamaram num mesmo período – não é possível saber quantos consumidores usaram o portal mais de uma vez. Todavia, é possível saber quantas reclamações foram feitas anualmente e, de acordo com esses números, há de se concluir que a aderência ao consumidor.gov cresceu surpreendentes 1.541% em quatro anos, pulando de 37.151 reclamações em 2014 para 609.644 em 2018.

Tabela 1
Evolução das reclamações em consumidor.gov.br

Ano	Quantidade de reclamações consumidor.gov.br
2014	37.151
2015	184.242
2016	288.605
2017	470.478
2018	609.644

Fonte: elaboração própria com base em consumidor.gov.br.

O baixo número de reclamações em 2014 denota o que ainda hoje é um problema no consumidor.gov: o *site* é, infelizmente, pouco conhecido pela população brasileira. Além disso, soma-se ao desconhecimento que as pessoas tinham (ou melhor, têm) sobre o portal a falta de confiança na plataforma como possível razão para um montante razoavelmente baixo de reclamações, sobremaneira se comparado com o número de processos judiciais a correrem perante o Judiciário.

O balanço de 2017 do portal consumidor.gov mostra o volume de registros por segmento de mercado:

Figura 5
Consumidor.gov.br – volume de registros por segmento de mercado

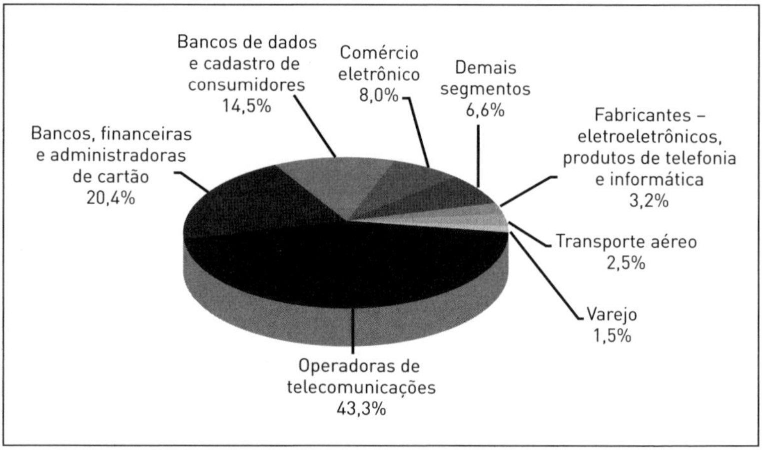

Fonte: <www.consumidor.gov.br/pages/publicacao/externo/>. Acesso em: 30 maio 2019.

O índice médio de solução das empresas no consumidor.gov foi de 80,6% e o prazo médio de resposta foi de 6,3 dias. Destaca-se, no índice de solução, que o segmento de telecomunicações foi o que atingiu o maior percentual: 88,6%. A resolutividade dos principais segmentos pode ser vista na figura 6.

Figura 6
Resolutividade por segmento – consumidor.gov.br

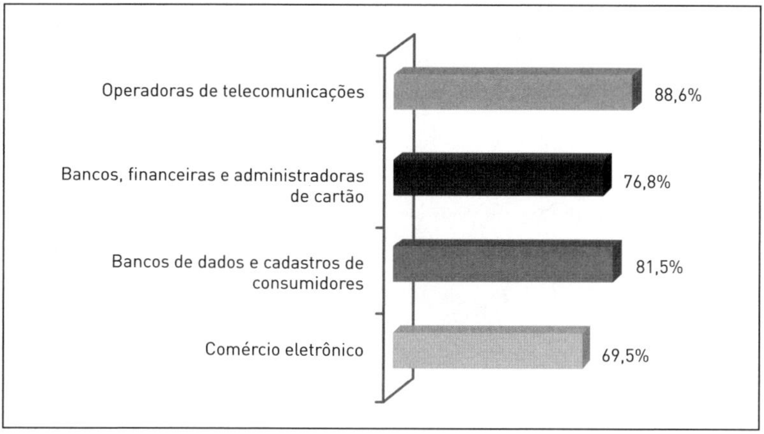

Fonte: <www.consumidor.gov.br/pages/publicacao/externo/>. Acesso em: 30 maio 2019.

Entre os assuntos mais demandados, destacamos o "Banco de dados e cadastro de consumidores". O assunto "Cartão de crédito/débito/loja" aparece agora em segundo lugar, seguido por diversos assuntos relacionados a telecomunicações, de acordo com a figura 7.

Figura 7
Demanda por assunto – consumidor.gov.br

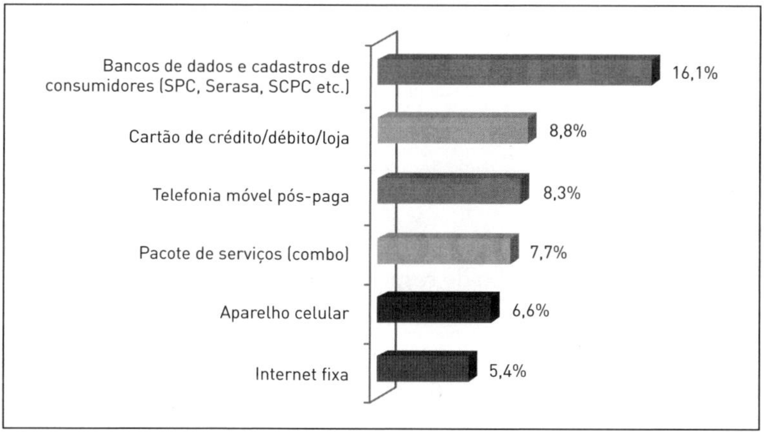

Fonte: <www.consumidor.gov.br/pages/publicacao/externo/>. Acesso em: 30 maio 2019.

A figura 8, por sua vez, informa que 60% dos usuários do portal são homens, enquanto 40% são mulheres.

Figura 8
Distribuição dos usuários por gênero – consumidor.gov.br

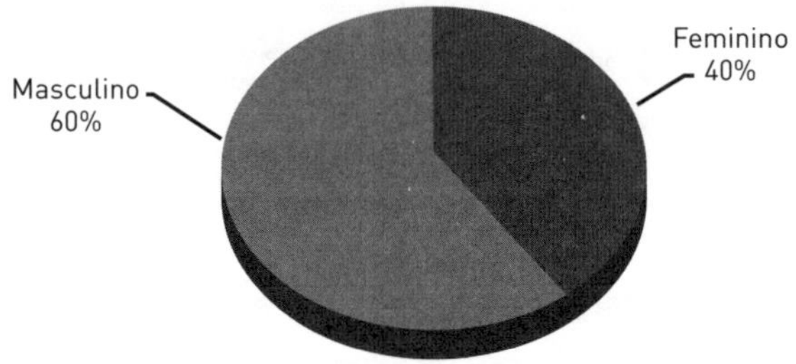

Fonte: <www.consumidor.gov.br/pages/publicacao/externo/>. Acesso em: 2 jun. 2019.

Além disso, quanto ao assunto mais reclamado, homens e mulheres reclamam, em sua maioria, de bancos de dados e cadastro de consumidores (18,53% e 12,49% respectivamente). Dos homens, 8,39% reclamam de telefonia móvel; entre as mulheres, o percentual é de 10,26%.

Tabela 2
Perfil dos consumidores × reclamações – consumidor.gov.br

Homens	
Assunto	**%**
Bancos de dados e cadastros de consumidores (SPC, Serasa, SCPC etc.)	18,53
Telefonia móvel pós-paga	8,39
Cartão de crédito/débito/loja	7,76
Mulheres	
Assunto	**%**
Bancos de dados e cadastros de consumidores (SPC, Serasa, SCPC etc.)	12,49
Telefonia móvel pós-paga	10,26
Cartão de crédito/débito/loja	8,41

Fonte: <www.consumidor.gov.br/pages/publicacao/externo/>. Acesso em: 2 jun. 2019.

Vale ainda notar que o maior número dos usuários (60%) possui entre 20 e 40 anos de idade, como denota a figura 9.

Figura 9
Distribuição dos usuários por faixa etária – consumidor.gov.br

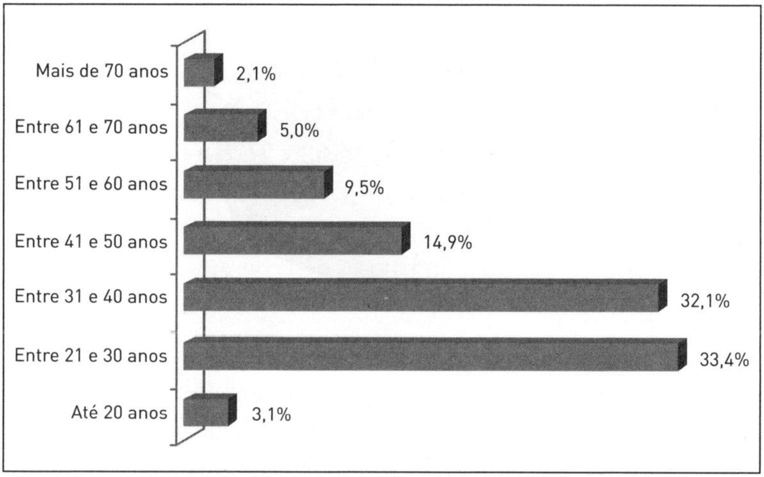

Fonte: <www.consumidor.gov.br/pages/publicacao/externo/>. Acesso em: 2 jun. 2019.

A iniciativa governamental possui diversas conquistas importantes, entre as quais o alto índice médio de resolução de conflitos (em torno de 80%), a gratuidade do serviço – que permite amplo acesso à Justiça – e, talvez a mais importante, a transparência do processo. De acordo com Schmidt-Kessen, Nogueira e Gamito (2019), a plataforma europeia EU ODR dever-se-ia inspirar no consumidor.gov, cujo sucesso se deve, sobretudo, às seguintes características: (1) disponibilizar dados sobre o uso da plataforma ao público amplo, (2) possuir mecanismo de avaliação que dá aos consumidores sempre uma chance de avaliar o quão satisfeitos ficaram com a plataforma e o resultado do procedimento e (3) oferecer uma solução bilateral direta, entre consumidor e fornecedor (vendedor).

Embora se possa dizer que o consumidor.gov apresenta alto desempenho, existem maneiras de aperfeiçoá-lo. Uma dessas maneiras seria por meio de mecanismos que o comparassem com outras plataformas, como referem Porto, Nogueira e Quirino (2017).

Justto

A Justto é mais uma das ODRs brasileiras de destaque. Fundada em 2012 por Alexandre Viola e Michelle Morcos, busca mudar o perfil das soluções dadas aos conflitos no Brasil.[121] Teve como motor inicial o engessamento do contencioso judicial e o alto custo do Judiciário no Brasil. Trabalhando por anos em escritórios de advocacia, especialmente com litígios, os fundadores perceberam a necessidade de sair da dependência do Judiciário.

A Justto surgiu em 2013 como Arbitranet, a primeira aplicação de arbitragem *online*, pensada sobretudo para litígios patrimoniais. Dado o potencial da aplicação, entretanto, foi, em 2015, expandida para demandas de outro perfil, como consumeristas e trabalhistas, ganhando o nome Justto.

Trata-se de um *software* (SaaS – acrônimo para *software as a service*), remunerado por mensalidade, a conter ferramentas que podem ser redesenhadas em conformidade com as necessidades dos usuários. Destaca-se por ser o único a funcionar como serviço (SaaS).

A empresa responsável pela Justto tem empenhado esforços em aplicar ferramentas de inteligência artificial, sobretudo para fazer uma triagem dos casos cuja composição se mostre provável e, de outro lado, aqueles pouco suscetíveis de solução amigável. Nesse sentido, o robô Jusbot, que aprende por si mesmo (tecnologia *machine learning*),[122] vem automatizando tarefas e identificando padrões nos casos solucionados por acordo.

---

121 Disponível em: <https://startupi.com.br/2019/01/lawtech-recebe-aporte-de-r25-milhoes/>. Acesso em: 6 jun. 2019.

122 O termo *machine learning* faz parte do conceito de inteligência artificial, que estuda meios de como as máquinas podem realizar tarefas executadas por pessoas.

As empresas e consumidores que decidem utilizar a Justto dispõem de um banco de dados de casos e de políticas de acordo, sendo possível importar novos dados para a plataforma. O processamento das reclamações se dá de maneira automática, cada cliente podendo personalizar sua abordagem com vistas a obter um acordo adequado ao seu caso. Iniciada a reclamação pelo consumidor, o fornecedor é contatado, momento a partir do qual podem as partes interagir via SMS, WhatsApp, *e-mail*.

O objetivo da Justto é a agilidade. É em razão disso que se busca facilitar o oferecimento de propostas e contrapropostas pelos diversos meios. Mas a empresa enfoca também a transparência: a Justto possui mecanismos práticos por meio dos quais consumidor e fornecedor podem acompanhar o andamento das controvérsias. De fato, em todas as mensagens recebidas pelo consumidor, a Justto disponibiliza um *link* de cadastro, a permitir que o caso seja acompanhado pelo celular ou computador.

Como tudo é feito de forma automatizada, isso se repete na elaboração de acordos. Na fase final, a plataforma gera os documentos finais e encerra os casos. O sucesso da Justto é comprovado numericamente: estima-se que, em 2017, o valor negociado por meio da Justto tenha sido de R$ 172,3 milhões e que o valor pago em acordos tenha sido de R$ 5,2 milhões, o que representaria uma economia de custos para os usuários da ordem dos R$ 12 milhões, aproximadamente (Moreira, 2018).[123]

Consoante a tabela 3, a Justto atende aos mais diversos segmentos de mercado, valendo destacar o setor de turismo, aquele no qual mais casos foram solucionados.

---

123 Disponível em: <https://revistapegn.globo.com/Startups/noticia/2018/07/plataforma-online-reduz-tempo-de-negociacao-de-acordos-de-anos-para-poucos-dias.html>. Acesso em: 6 jun. 2019.

Tabela 3
Indústria × valor acordado

Big numbers			
Indústria	**Disputas**	**Valor acordado (R$)**	**Valor pedido (R$)**
Cosméticos	1	17.246,70	–
Mídia	9	29.800,00	–
Outros	12	354.162,98	189.855,70
E-commerce	12	18.205,16	132.509,00
Educação	18	143.870,00	298.803,00
Bancos	24	79.906,06	10.811,00
Imobiliário	66	279.657,03	358.078,94
Telecomunicações	71	306.900,00	1.417.284,14
Locação de automóveis	83	1.455.396,64	2.471.439,00
Energia	152	566.984,55	1.896.248,55
Alimentação	410	952.982,84	4.202.411,46
Turismo	1.261	3.485.362,83	19.798.845,88
Total	**2.119**	**7.690.474,79**	**30.776.286,67**

Fonte: Justto.

Mas não são só os números de casos resolvidos que atestam o crescimento da demanda pelo serviço oferecido pela Justto. Em 2017, a empresa responsável pelo *software* recebeu um investimento de R$ 2,5 milhões do Fundo Criatec 3, criado pelo BNDES e gerido pela Inseed Investimentos. O recurso foi destinado para a ampliação e aperfeiçoamento da inteligência artificial.

Acordo Fechado

A empresa Acordo Fechado foi fundada em 2014 por três sócios – Marcelo Goldman, Rafael Dias e Ricardo Rocha – quando cursavam a disciplina de programação para juristas na Escola de Direito Rio da Fundação Getulio Vargas.

O foco da Acordo Fechado são os escritórios de advocacia. Nesse sentido, em 2016, a Acordo Fechado conseguiu realizar parceria com um dos maiores escritórios da América Latina, o que fez com que decolassem os resultados da empresa.

O diferencial da Acordo Fechado está no atendimento das especificidades de cada cliente, destacando-se como diferenciais da plataforma:

- *dashboard* – todas as informações geradas ficam disponíveis para consulta, desde o cadastro de casos até a extração de relatórios, além da criação de inteligência nas negociações e melhoria das políticas de acordo;
- *AF web crawler* – com a tecnologia *web crawler* é possível identificar informações direto dos *sites* dos tribunais, incluindo casos distribuídos antes da citação;
- *AF document assembly* – capaz de gerar minutas automáticas parametrizadas com as necessidades do cliente, como petições de juntada, minutas de acordo;
- *AF mail messenger e AF tracking* – a primeira consiste em ferramenta de disparo de mensagens que permite customizar e parametrizar as mensagens de contato, além de permitir o contato com milhares de pessoas por *e-mail* de forma automática; a segunda permite monitoramento dos *e-mails*, indicando seu recebimento, leitura, acesso ao *link* incluído na mensagem.

A Acordo Fechado presta atendimento da seguinte forma: (1) inicia seu trabalho com a compreensão da política de acordos do cliente e com a definição do plano de ação; (2) na sequência, captura os contatos do cliente – e, consequentemente, daqueles que com ele litigam – e os cadastra na plataforma (da Acordo Fechado); (3) a partir disso, iniciam-se as negociações (*workflow*) entre o time da Acordo Fechado e as partes adversas dos clientes; (4) por fim, confeccionam-se as minutas (de acordo), com a conclusão dos acordos.[124]

124 Disponível em: <www.acordofechado.com.br/escritorio/#como-funciona>. Acesso em: 14 ago. 2019.

Atualmente a Acordo Fechado alcançou mais de 100 mil casos tratados, obtendo resultados expressivos para os clientes, com redução de despesas. Os segmentos nos quais atuou passam por aviação civil, varejo, concessionária de serviços públicos, instituições bancárias, operadores de saúde etc.

O segmento com o maior percentual de êxito nos acordos é o de bancos, com 84% dos casos finalizados amigavelmente, seguido pelo de companhias aéreas (71%). As demais áreas que apresentam bom desempenho são as de telefonia, com um índice de 65% de sucesso, planos de saúde (60%) e demais concessionárias de serviços públicos (40%).

Figura 10

Êxito nos acordos por segmento de mercado – Acordo Fechado

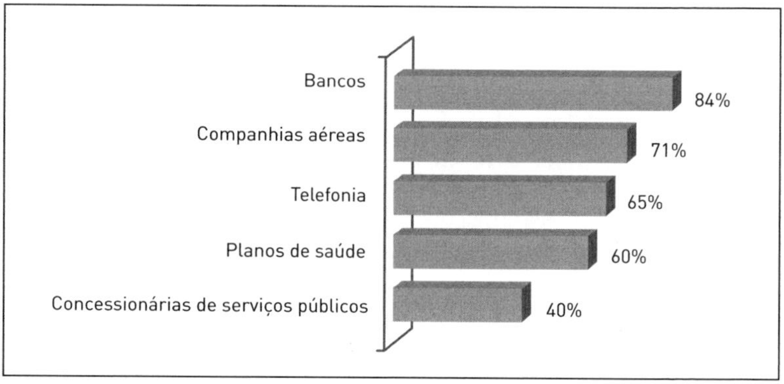

Fonte: Acordo Fechado.

A Acordo Fechado estima que há uma economia de aproximadamente R$ 27 milhões de reais nas causas que tramitaram na plataforma – se comparadas com causas nas quais ocorre condenação judicial. Além da economia financeira, o sistema oferece economia de tempo: as causas apresentadas à plataforma levam 30 dias para ser resolvidas, ao passo que, por exemplo, uma audiência de mediação há de aguardar em média 180 dias, desde o ajuizamento da ação até a realização da audiência.

Tabela 4
Comparativo de gastos das causas

Valor economizado	
Acordos celebrados na plataforma	**Condenações sem o Acordo Fechado**
R$ 42.960.351,23	R$ 69.144.491,70

Fonte: Acordo Fechado

e-Xyon

A e-Xyon teve início em janeiro de 2001, baseada em uma experiência anterior de desenvolvimento de *software* de gestão jurídica em nível nacional. A partir dessa experiência, percebeu-se a existência de uma lacuna: faltavam *softwares* com foco estratégico, a incorporar conceitos de gestão e de processos de negócio. As poucas soluções tecnológicas existentes na época eram voltadas para o controle de prazos e de audiências, sem uma visão integrada.

Outro problema corrente era o de que os advogados precisavam de ao menos cinco sistemas distintos para trabalhar: (1) para o controle de prazos, (2) para armazenar documentos, (3) para remeter e receber *e-mails*, (4) para controles financeiros e (5) para o lançamento de horas. Como se não bastasse, a remessa de publicações se dava em papel. A produtividade, portanto, era baixa e resultava, em grande parte das vezes, em retrabalho.

Por outro lado, os departamentos jurídicos das empresas achavam difícil processar as informações dos escritórios de advocacia. Recebiam, por exemplo, informações e relatórios em arquivos dos mais diversos formatos. A consolidação das informações era difícil e custosa.

Faltava, pois, uma ferramenta que integrasse todas essas etapas e que permitisse a colaboração entre os usuários. Foi com vistas a solucionar esses problemas que, no final de 2001, veio a e-Xyon, sistema de gestão jurídica corporativa baseado na web, pioneiro na *cloud computing*[125] no Brasil, hoje a focar cinco abordagens:

a) Sistema de gestão – ERP Jurídico
O sistema de gestão: um ERP para área jurídica muito completo e com funcionalidades totalmente integradas, incluindo gestão de contencioso (cível, trabalhista e tributário), gestão de recuperação de crédito, gestão de contratos, societário, controle de marcas, GED, financeiro. Uma das funções mais importantes do sistema é o Módulo de BI, que permite extrair as informações de forma dinâmica e configurável, colocando na mão do usuário um grande poder de extração e análise de dados.
b) Captura de dados de processos judiciais
Robôs de captura: grande parque de robôs desenvolvidos pela e-Xyon para captura de dados de processos judiciais, de primeira instância, em todo o Judiciário brasileiro. Com isso são consolidados diariamente dados de todos os TJs e TRTs do Brasil, que alimentam um enorme *big data* jurídico, que serve de fonte para inúmeros serviços e projetos, por exemplo, o de captura antecipada, que visa identificar e capturar dados e documentos de novos processos distribuídos contra a empresa.
c) Jurimetria e *legal analytics*
Projetos envolvendo o saneamento de base de dados, análise de dados jurídica utilizando técnicas de *data mining*[126] para o desenvolvimento de análises específicas para as demandas particulares de cada cliente, incluindo indicativos de fases e encerramento de processos, bem como indicativos de depósitos judiciais. Essas tecnologias também permitem desenvolver projetos de diagnós-

---

125 *Cloud computing* é um conjunto de princípios e abordagens para fornecer, por meio da *cloud*, infraestrutura de computação, serviços, plataformas e aplicações sob demanda aos usuários em uma rede.

126 *Data mining* consiste num sistema de busca de padrões consistentes dentro de grandes quantidades de dados por meio de algoritmos.

tico de risco jurídico e de monitoramento de risco jurídico de terceirizados. Com esses projetos, foi possível reduzir o provisionamento para risco jurídico de muitas empresas, com impactos expressivos sobre o resultado financeiro e o balanço patrimonial.

d) Inteligência artificial e *data mining*
São soluções baseadas em algoritmos, voltadas para a análise automática de documentos em larga escala, com elevado grau de precisão, para extração de dados e classificação de documentos processuais e enriquecimento de dados cadastrais dos processos ou para análises especializadas. As soluções de inteligência artificial são, hoje, um dos principais focos para o desenvolvimento de novos serviços.

e) Automação jurídica
Integrando as diversas soluções anteriores, a e-Xyon conseguiu desenvolver projetos de automação jurídica de qualquer porte, com enormes ganhos de produtividade e eficiência para os clientes, mas também significativa melhoria da qualidade de dados. Assim, essas soluções funcionam de forma a automatizar todo o ciclo de vida do projeto judicial, desde a captura de dados e documentos, análise dos documentos com algoritmos de IA e *data mining*, *workflow* parametrizável, automação de documentos, controles financeiros, acompanhamento processual até o encerramento e a visualização de dados por meio de um painel de controle.

Atualmente, a empresa e-Xyon atende clientes de médio e grande portes, em praticamente todos os segmentos de negócio, desde bancos, escritórios de advocacia, planos de saúde até universidades e empresas de mineração, por exemplo. A companhia é líder no segmento de tecnologia jurídica para instituições financeiras, que é hoje sua principal fonte de faturamento.

O principal diferencial da empresa é exatamente a integração das diversas soluções oferecidas, o que permite a automação completa do ciclo de vida de um processo judicial.

A empresa implementou essa visão de integração de suas diversas soluções para disponibilizar a seus clientes ofertas completas, *full service*, que têm também um significativo impacto sobre a redução de custo, bem como redução de riscos operacionais jurídicos.

A e-Xyon é uma das únicas empresas do mercado que domina e desenvolve soluções para toda a cadeia de negócio de tecnologia jurídica, podendo, portanto, atender o cliente em todas as suas necessidades.

Desde sua criação, a empresa se destacou por antecipar demandas do mercado e investir de forma contínua em inovação e desenvolvimento de novos produtos e serviços. Para sustentar o ritmo de inovação, a empresa investe cerca de 8% de seu faturamento em pesquisa e desenvolvimento de novas tecnologias e serviços.

Nos últimos três anos, foram criadas quatro novas empresas de tecnologia, como *startups*, para ingressar em novos mercados, ocupando nichos não atendidos anteriormente. Todas elas possuem sinergia com o negócio principal, a permitir o desenvolvimento de soluções mais completas e abrangentes.

A e-Xyon captura diariamente cerca de 100 mil novos processos com seus robôs, que alimentam um *big data* de mais de 94 milhões de processos judiciais. Em janeiro de 2019, completou 18 anos, mas continua crescendo e investindo em inovação para sustentar sua vantagem competitiva no mercado e sua posição de liderança.

Justiça Digital

O projeto da Justiça Digital nasceu em 2016, idealizado no interior do próprio Poder Judiciário do estado do Rio de Janeiro. Teve por objetivo atender as pessoas de baixa renda, principalmente aquelas residentes em áreas com altos índices de violência e dominadas pelo tráfico armado, como as do Complexo do Alemão, Vila Cruzeiro e

Fazendinha, todas vizinhas do Fórum Regional da Leopoldina, do TJRJ. O projeto se tornou realidade logo após a entrada em vigor da Lei nº 13.105/2015 (Novo Código de Processo Civil) e da Lei de Mediação, nº 13.140/2015.

O que se notou foi que, nessas áreas, havia grande dificuldade de citar os réus, tendo em vista que oficiais de justiça têm receio de se dirigir a regiões violentas. Sem citação, então, as ações não tinham continuidade, congestionando o Judiciário. Como se não bastasse, havia ainda casos nos quais uma das partes residia fora da sede de juízo, situação que também emperrava o andamento processual e atravancava o Judiciário.

Foram esses os problemas que a Justiça Digital se propôs resolver. A plataforma da iniciativa, por exemplo, oferece recursos de videoconferência por meio de aplicativos gratuitos, como WhatsApp, Skype, Google Duo e Hangouts.

Ademais, a Justiça Digital atende usuários interessados em atos pré-processuais e judiciais, como citação/intimação, sessões de mediação, audiências de conciliação, audiências de instrução e julgamento, audiências de interdição, audiências criminais (prisão domiciliar, violência doméstica, cautelar de afastamento), entre outras. Tudo se dá de forma *online*, de maneira pouco burocrática e a custo zero.

Nas audiências realizadas sob a jurisdição do TJRJ e do TJES, a Justiça Digital teve adesão de 98% dos usuários, obtendo acordos em 80% dos casos. Além disso, mais de 300 casos tramitaram por meio da plataforma de forma voluntária.

Impacta Lawtech

A Impacta Lawtech[127] é uma sociedade empresarial, criada há mais de 20 anos, que se destaca no campo de desenvolvimento de soluções eficientes com o emprego de tecnologia para o mercado jurídico. Em sua trajetória, vivenciou profundas mudanças que aconteceram no Poder Judiciário. Como exemplos dessas transformações no Judiciário, pode-se mencionar a criação dos sítios eletrônicos dos tribunais (*websites*), a publicação dos *Diários da Justiça* em formato de arquivo ".pdf" (*portable document format*) e o surgimento do processo eletrônico, entre outras.

Atualmente, com a missão de oferecer soluções tecnológicas ágeis, eficientes e integradas, a Impacta Lawtech também tem se dedicado a desenvolver uma solução ODR: o ProAdv Concilie. Essa plataforma propõe criar um fluxo prático de negociação *online* que promete aproximar as partes envolvidas em um processo. Isso seria possível porque a Impacta Lawtech desenvolveu um sistema chamado ProAdv, por meio do qual são disponibilizados andamentos processuais aos respectivos advogados.

Até aqui, nenhuma novidade; porém, com o emprego da IA, a inovação desse serviço fica por conta de as intimações e publicações dos processos judiciais serem entregues classificados – por exemplo, liminar deferida, despacho, sentença, acórdão etc. – e com prazo agendado. A qualidade e eficiência dessa plataforma possibilitou a realização de um convênio com o Conselho Federal da Ordem dos Advogados do Brasil (OAB), e com isso esse serviço passou a ser oferecido com gratuidade de seis meses a todos os advogados do país.

Na prática, a estratégia desenvolvida por essa sociedade resultou em uma quantidade relevante de advogados acessando sua plataforma (ProAdv): o projeto foi iniciado com exclusividade para o estado

---

127 Mais informações disponíveis em: <http://www.impacta.adv.br/>. Acesso em: 25 out. 2019.

do Rio de Janeiro, onde pouco mais de 150 mil advogados[128] foram beneficiados. Durante os quatro primeiros meses, mais de 70 mil advogados acessaram periodicamente o sistema. Esse grande volume de acessos buscando informações de processos possibilitou o desenvolvimento de uma solução de ODR focada em causas repetitivas ou envolvendo relações de consumo (ProAdv Concilie).

O ProAdv Concilie disponibiliza uma plataforma que propõe aos advogados a conciliação de acordo com o interesse das partes, além de sugerir, por meio de seus canais de comunicação, a solução das lides mediante alternativa consensual durante determinados momentos processuais.

Nesse sentido, a ferramenta conta com uma equipe de atendimento que atua com o objetivo de aproximar as propostas das partes de um processo, a fim de que haja a realização de um acordo, bem como auxilia as partes a dirimir eventuais dúvidas que possam causar empecilhos à finalização do litígio.

Dessa forma, o ProAdv Concilie possibilita a administração da quantidade de propostas recebidas de acordo com a matéria do processo, a fase processual e/ou qualquer outro critério que seja estabelecido.

Por fim, a plataforma pretende funcionar em nuvem e contará com comunicadores assíncronos, de modo que a negociação de um acordo possa ocorrer a qualquer momento do processo e a qualquer hora do dia.

128 Disponível em: <www.oab.org.br/institucionalconselhofederal/quadroadvogados>. Acesso em: 24 out. 2019.

Conclusão

As novas tecnologias têm se desenvolvido de maneira acelerada. Talvez sejam, nessa condição, as grandes responsáveis pela mudança dos hábitos comerciais: o comércio *online*, diferentemente do contato físico entre vendedores e compradores, firma-se aos poucos como a principal maneira pela qual as pessoas negociam bens e serviços no mundo atual. O problema é que essa mudança de hábito traz consigo problemas novos: como resolver controvérsias advindas do comércio *online*, realizado entre compradores e vendedores em diferentes países? O que se pode concluir é que, ainda hoje, são poucos os instrumentos eletrônicos de solução de controvérsias. Os mecanismos de ODR, de fato, parecem consistir numa solução pouco utilizada, raciocínio que talvez possa ser estendido ao movimento das *lawtechs* (*legaltechs*) como um todo, que ainda não teve seu potencial inteiramente explorado. A revolução tecnológica que sofrerá o direito – *i.e.*, a prática jurídica –, como se viu ao longo do livro, está apenas no início.

Alguns questionamentos permanecem em aberto, entre os quais destaca-se: como as empresas de tecnologia devem desmistificar o modo como as pessoas usualmente encaram o direito e a prática jurídica, a fim de que seja possível o desenvolvimento e a propagação de ferramentas tecnológicas aplicáveis ao direito, como as ODRs?

Em pesquisa realizada nos EUA sobre *lawtechs* (Sandefur et al., 2019), apontou-se que os serviços oferecidos até o momento são pouco compatíveis com as necessidades das pessoas. A pesquisa conclui que as tecnologias aplicadas ao campo jurídico prometem capacitar indivíduos e comunidades para identificar, compreender e atuar melhor em seus problemas jurídicos, mas que, no momento atual de desenvolvimento do setor, essa promessa não é somente um desafio tecnológico, mas social.

Essas conclusões podem orientar o incipiente movimento *lawtech* brasileiro. São as necessidades das pessoas que devem servir de guia para o desenvolvimento de ferramentas tecnológicas aplicadas ao meio jurídico.

Como se indicou ao longo do livro, além da cultura litigante – que não é exclusividade do Brasil –, outros fatores, como a confiabilidade das tecnologias, sua transparência, a infraestrutura sobre a qual se desenvolvem e a falta de incentivos públicos e privados para o setor *lawtech* ainda representam empecilhos para o desenvolvimento das *lawtechs* no Brasil. Apesar disso, a realidade judiciária brasileira pede mudanças. Como visto, de acordo com o CNJ o número de casos em tramitação atingiu a marca de 80,1 milhões em 2017, e o custo disso ao Poder Judiciário ultrapassou os R$ 90 milhões (CNJ, 2018:31-73).

Espera-se, portanto, que a presente obra sirva de contribuição ao movimento das *lawtechs* e das ODRs, que são capazes de mudar o cenário da prática jurídica e dos litígios no Brasil na busca de alternativas que proporcionem justiça e eficiência ao mesmo tempo.

Referências

AMBROGI, Robert. *Is there a future for online dispute resolution for lawyers?* 11 abr. 2016. Disponível em: <www.lawsitesblog.com/2016/04/future-online-dispute-resolution.html>. Acesso em: 12 jun. 2019.

______. Modria, innovator of online dispute resolution, is acquired by Tyler Technologies. *LawSites*, 12 jun. 2017a. Disponível em: <www.lawsitesblog.com/2017/06/modria-innovator-online-dispute-resolution-acquired-tyler-technologies.html>. Acesso em: 24 maio 2019.

______. Why the iManage acquisition of AI Company RAVN is something to crow about. *Above the Law*, 26 jun. 2017b. Disponível em: <https://abovethelaw.com/2017/06/why-the-imanage-acquisition-of-ai-company-ravn-is-something-to-crow-about/?rf=1>. Acesso em: 18 abr. 2019.

ANDREAE, Zöe. Legal tech startups. *Medium.com*, 29 maio 2017. Disponível em: <https://medium.com/legal-tech/legal-tech-startups-9755b18f93ac>. Acesso em: 29 maio 2019.

ANDRIGHI, Fátima Nancy. O surgimento da tecnologia blockchain e dos contratos inteligentes (smart contracts): funcionamento e desafios jurídicos. In: YARSHELL, Flávio Luiz; PEREIRA, Guilherme Setoguti J. (Coord.). *Processo societário*. São Paulo: Quartier Latin, 2018. v. 3.

ARAÚJO, Fernando. O problema econômico da adjudicação óptima: a natureza do bem "adjudicação". In: SEMINÁRIO TEORIA DA DECISÃO JUDICIAL. *Anais*... Brasília: Conselho da Justiça Federal, 2014. Disponível em: <www.youtube.com/watch?v=mbCG2x-XQE8>. Acesso em: 13 maio 2019.

ARBIX, Daniel. *Resolução online de controvérsias*. São Paulo: Intelecto, 2017.

ARSDALE, Suzanne van. User protection in online dispute resolution. *Harvard Negotiation Law Review*, v. 21, p. 107-142, 2015. Disponível em: <www.hnlr.org/wp-content/uploads/HNR103_crop-1.pdf>. Acesso em: 30 jan. 2019.

BACON, James. Innovation Uber alles: personal-driver service can revolutionize transportation services. *The Washington Times*, 3 fev. 2012. Disponível em: <www.washingtontimes.com/news/2012/feb/2/innovation-uber-alles/>. Acesso em: 29 maio 2019.

BECKER, Daniel; LAMEIRÃO, Pedro. Online dispute resolution (ODR) e a ruptura no ecossistema da resolução de disputas. *Direito da Inteligência Artificial*, 22 ago. 2017. Disponível em: <https://direitodainteligenciaartificial.com/2017/08/22/online-dispute-resolution-odr-e-a-ruptura-no-ecossistema-da-resolucao-de-disputas/#_ftn6>. Acesso em: 12 jun. 2019.

______; MAIA, Andrea. Online dispute resolution (ODR) in Brazil: a major opportunity for stakeholders. *Kluwer Mediation Blog*, 9 set. 2018. Disponível em: <http://mediationblog.kluwerarbitration.com/2018/09/09/online-dispute-resolution-odr-brazil-major-opportunity-stakeholders/>. Acesso em: 29 maio 2019.

BING, Jon. Let there be lite: a brief history of legal information retrieval. In: PALIWALA, Abdul (Ed.). *A history of legal informatics*. Zaragoza: Prensas Universitarias de Zaragoza, 2010. cap. 1, p. 13-44.

BRASIL. Constituição da República Federativa do Brasil de 1988. *Diário Oficial da União*, Brasília, DF, 5 out. 1988. Seção 1, p. 1.

______. Lei nº 8.078, de 11 de setembro de 1990. Dispõe sobre a proteção do consumidor e dá outras providências. *Diário Oficial da União*, Brasília, DF, 12 set. 1990 (edição extra).

CABRAL, Marcelo M. *Os meios alternativos de resolução de conflitos*: instrumentos de ampliação do acesso à justiça. Dissertação (mestrado profissional em Poder Judiciário) – FGV Direito Rio, Rio de Janeiro, 2012.

CALABRESI, Guido; MELAMED, Douglas A. Property rules, liability rules, and inalienability: one view of the cathedral. *Harvard Law Review*, Boston, v. 85, p. 1089-1128, 1972.

CÂMARA, Isabella. Conheça 5 lawtechs que estão automatizando o setor jurídico. *Startse*, maio 2018. Disponível em: <www.startse.com/noticia/startups/lawtech/49373/lawtechs-automacao-startup-village>. Acesso em: 6 jun. 2019.

CHRISTENSEN, Clayton. *Disruptive innovation*. 2015. Disponível em: <http://claytonchristensen.com/key-concepts/>. Acesso em: 24 maio 2019.

CNJ (Conselho Nacional de Justiça). *Justiça em números*. 3. ed. Brasília, 2018. Disponível em: <http://cnj.jus.br/files/conteudo/arquivo/2018/08/44b7368ec6f888b383f6c3de40c32167.pdf>. Acesso em: 5 ago. 2019.

COASE, Ronald H. The problem of social cost. *The Journal of Law & Economics*, v. 3, p. 1-44, 1960. Disponível em: <www.jstor.org/stable/724810>. Acesso em: 24 maio 2019.

CONTRATA, Ken; MARVIN, Rob. The best contract management software for 2019. *PCMag*, 28 ago. 2018. Disponível em: <www.pcmag.com/roundup/336696/the-best-contract-management-software>. Acesso em: 21 abr. 2019.

COOTER, Robert; ULEN, Thomas. *Law and economics*. 6. ed. Berkeley: Berkeley Law Books, 2016.

CORTÉS, Pablo. *Online dispute resolution for consumers in the European Union*. Nova York: Routledge, 2011.

CRIADO por um cliente frustrado com o atendimento de uma companhia aérea, o site deixou de ser um amontoado de desabafos para se tornar um site que resolve os problemas dos consumidores. *Época*, ago. 2013 Disponível em: <https://epoca.globo.com/vida/

vida-util/consumo/noticia/2013/08/historia-do-breclameaquib.html>. Acesso em: 4 jul. 2019.

DANIEL Rainey vem ao Brasil para Jornada de Online Dispute Resolution. *D'acordo*, 8 nov. 2018. Disponível em: <www.dacordo.com.br/artigo/jornada-de-odr-daniel-ainey>. Acesso em: 30 maio 2019.

DELOITTE. *RegTech is the new fintech*: how agile regulatory technology is helping firms better understand and manage their risks. 2016. Disponível em: <www2.deloitte.com/content/dam/Deloitte/ie/Documents/FinancialServices/IE_2016_FS_RegTech_is_the_new_FinTech.pdf>. Acesso em: 26 abr. 2019.

_______. *Blockchain in commercial real estate*: the future is here. 2017. Disponível em: <www2.deloitte.com/us/en/pages/financial-services/articles/blockchain-in-commercial-real-estate.html>. Acesso em: 30 maio 2019.

EXON, Susan Nauss. The next generation of online dispute resolution: the significance of holography to enhance and transform dispute resolution. *Cardozo J. of Conflict Dispute Resolution*, v. 12, n. 19, p. 19-54, 2010.

_______. Ethics and online dispute resolution: from evolution to revolution. *HeinOnline*, cap. 2, p. 616, 2017. Disponível em: <https://heinonline.org/HOL/Page?handle=hein.journals/ohjdpr32&collection=journals&id=633&startid=&endid=688>. Acesso em: 24 maio 2019.

FEBRABAN (Federação Brasileira de Bancos). *Portal informativo de acordo planos econômicos*. [s.d.]. Disponível em: <www.pagamentodapoupanca.com.br>. Acesso em: 15 ago. 2019.

FERNANDES, Ricardo Vieira de Carvalho et al. The expansion of online dispute resolution in Brazil. *International Journal for Court Administration*, v. 9, n. 2, p. 20-30, 2018. Disponível em: <www.iacajournal.org/articles/abstract/10.18352/ijca.255/>. Acesso em: 26 jun. 2019.

FERREIRA, Viviane. TJ/RJ gasta milhões com processos desnecessários. *Migalhas*, 30 nov. 2017. Disponível em: <www.migalhas.com.

br/dePeso/16,MI270237,71043-TJRJ+gasta+milhoes+com+processos+desnecessarios>. Acesso em: 30 maio 2019.

FRANCO, Paulo Fernando de Mello. Por uma análise econômica do direito do consumidor: a arbitrabilidade das relações de consumo. In: SEMINÁRIO UM DIA DO CONSUMIDOR: INSPIRAÇÕES TEÓRICAS E EMPÍRICAS. *Anais*... Rio de Janeiro: FGV Direito Rio, 2017.

______. Judicialização desnecessária ou desjudicialização necessária? Revisitando a jurisdição administrativa na perspectiva dos equivalentes jurisdicionais. *Revista da AGU*, v. 18, p. 279-302, 2019.

______; ARRUDA, D. S. Nova lei do cadastro positivo beneficia consumidor? *Jota*, 15 jan. 2018.

FREITAS, Tainá. 7 startups do mundo jurídico que promovem resolução de conflitos online. *Startse*, maio 2018. Disponível em: <www.startse.com/noticia/startups/lawtech/49427/7-lawtechs-que-estao-promovendo-acordo-e-mediacao-de-conflito-online>. Acesso em: 5 jul. 2019.

______. Como o Mercado Livre atingiu 98,9% de "desjudicialização" na resolução de conflitos. *Startse*, maio 2019. Disponível em: <www.startse.com/noticia/nova-economia/64894/mercado-livre-odr-resolucao-conflito>. Acesso em: 30 maio 2019.

FRIEDMANN, Ron. *Back to the future*: a history of legal technology. 2004. Disponível em: <https://prismlegal.com/back_to_the_future-a-history-of-legal-technology>. Acesso em: 21 abr. 2019.

GREENSTEIN, Howard. How to show market traction. *Inc.5000*, 22 jun. 2011. Disponível em: <www.inc.com/howard-greenstein/how-to-show-market-traction.html>. Acesso em: 18 abr. 2019.

HUGÉ, François-Kim; KRIEG, Katja; GIUNTINI, Federico. The RegTech universe on the rise. *Deloitte Inside Magazine*, 2017. Disponível em: <www2.deloitte.com/content/dam/Deloitte/lu/Documents/technology/lu_inside-regtech-universe-on-rise.pdf>. Acesso em: 26 abr. 2019.

INTERNATIONAL BAR ASSOCIATION. *"Times are a-changin"*: disruptive innovation and the legal profession. Maio 2016. Disponível em: <www.ibanet.org/Document/Default.aspx?DocumentUid=2C42BEFA-DDC4-4EF5-BDD5-41FA502B987B>. Acesso em: 27 abr. 2019.

KAHNEMAN, Daniel; KNETSCH, Jack L.; THALER, Richard H. The endowment effect, loss aversion, and status quo bias. *The Journal of Economic Perspectives*, v. 5, n. 1, p. 193-206, 1991. Disponível em: <www.jstor.org/stable/1942711>. Acesso em: 11 nov. 2012.

LAWTECH recebe aporte de R$ 2,5 milhões. *Startupi*, jan. 2019. Disponível em: <https://startupi.com.br/2019/01/lawtech-recebe-aporte-de-r25-milhoes/>. Acesso em: 6 jun. 2019.

LI, Victor. Tyler Technologies acquires online dispute resolution company Modria. *Abajournal*, 12 jun. 2017. Disponível em: <www.abajournal.com/news/article/tyler_technologies_acquires_online_dispute_resolution_company_modria>. Acesso em: 24 maio 2019.

MAHONEY, Kirk. Legal tech market report. *Catalyst*, 29 nov. 2017. Disponível em: <https://catalyst.com/research_item/legal-tech-market-overview/>. Acesso em: 21 abr. 2019.

MANKIW, N. Gregory. *Introdução à economia*. Trad. Allan Vidigal Hastings, Elisete Paes e Lima, Ez2 Translate. São Paulo: Cengage Learning, 2014.

MARCOS, Marcela. Mutirão para poupadores do plano Bresser e Verão e Collor II volta nesta segunda. *Folha de S.Paulo*, 21 jan. 2019. Disponível em: <www1.folha.uol.com.br/mercado/2019/01/mutirao-para-poupadores-do-plano-bresser-e-verao-e-collor-ii-volta-nesta-segunda.shtml>. Acesso em: 15 ago. 2019.

MEET the "rocket man" helping the UK's Lawtech sector take off. *The Guardian*, 6 dez. 2017. Disponível em: <www.theguardian.com/legal-horizons/2017/dec/06/meet-the-rocket-manhelping-the-uks-lawtech-sector-take-off>. Acesso em: 26 abr. 2019.

MERCADO LIVRE. *Dispute resolution*. [s.d.]. Disponível em: <www.mercadolivre.com.br/ajuda/3270>. Acesso em: 30 maio 2019.

MODRIA and the future of dispute resolution. *ODR Europe*, nov. 2015. Disponível em: <www.odreurope.com/news/articles/online-dispute-resolution/1172-modria-and-the-future-of-dispute-resolution>. Acesso em: 24 maio 2019.

MODRIA closes $5M series a round. *Newsdaily*, jul. 2013. Disponível em: <www.vcnewsdaily.com/modria/venture-capital-funding/nldfgrdtwd>. Acesso em: 24 maio 2019.

MODRIA develops a SaaS-based online dispute resolution software solution. *Crunchbase.* [s.d.]. Disponível em: <www.crunchbase.com/organization/modria#section-overview>. Acesso em: 24 maio 2019.

MOREIRA, M. Plataforma online reduz tempo de negociação de acordos de anos para poucos dias. *Pequenas Empresas, Grandes Negócios*, jul. 2018. Disponível em: <https://revistapegn.globo.com/Startups/noticia/2018/07/plataforma-online-reduz-tempo-de-negociacao-de-acordos-de-anos-para-poucos-dias.html>. Acesso em: 6 jun. 2019.

NAVARRO, Victória. Confiança e reputação pautam ReclameAqui. *Meio & Mensagem*, ago. 2018. Disponível em: <www.meioemensagem.com.br/home/marketing/2018/08/17/confianca-e-reputacao-pautam-reclame-aqui.html>. Acesso em: 5 jul. 2018.

O'HEAR, Steve. Bud raises $20M to connect banks to fintechs and other financial service providers. *Techcrunch*, jan. 2019. Disponível em: <https://techcrunch.com/2019/02/03/bud-raises-20m-to-connect-banks-to-fintechs-and-other-financial-service-providers/>. Acesso em: 26 abr. 2019.

PALIWALA, Abdul (Ed.). *A history of legal informatics*. Zaragoza: Prensas Universitarias de Zaragoza, 2010. cap. 1, p. 13-44.

PORTO, Antônio José Maristrello; GAROUPA, Nuno. *Curso de análise econômica do direito*. Rio de Janeiro: Atlas, 2020.

______; FRANCO, Paulo Fernando de Mello. Uma análise também econômica do direito de propriedade. *Economic Analysis of Law Review*, v. 7, n. 1, 2016.

______; ______. Por uma análise também econômica da responsabilidade civil do cadastro positivo: abordagem crítica do art. 16 da Lei nº 12.414/2011. *Revista de Direito do Consumidor*, v. 27, p. 247-271, 2018.

______; ______; GAROUPA, Nuno. As indenizações pela perda do tempo útil do consumidor: espera e custos de oportunidade. *Revista de Direito do Consumidor*, v. 1, p. 263, 2019.

______; LIMA JUNIOR, João Manoel de; SILVA, Gabriela Borges. Tecnologia blockchain e direito societário: aplicações práticas e desafios para a regulação. *Revista de Informação Legislativa* (RIL), Brasília, DF, v. 56, n. 223, p. 11-30, jul./set. 2019. Disponível em: <www12.senado.leg.br/ril/edicoes/56/223/ril_v56_n223_p11>. Acesso em: 30 maio 2019.

______; NOGUEIRA, Rafaela; QUIRINO, Carina. Resolução de conflitos on-line no Brasil: um mecanismo em construção. *Revista de Direito do Consumidor*, São Paulo, ano 26, v. 114, p. 295-318, nov./dez. 2017.

POSNER, Richard A. *Economic analysis of law*. 8. ed. Nova York: Aspen, 2011.

RAYMOND, Anjanette H.; SHACKELFORD, Scott J. Technology, ethics, and access to Justice: should an alogrithm be deciding your case? *Michigan Journal of International Law*, v. 35, n. 3, p. 485-503, 2014. Disponível em: <http://repository.law.umich.edu/mjil/vol35/iss3/1>. Acesso em: 23 maio 2019.

RECLAMEAQUI. *ReclameAqui*: você usa o site para reclamar ou pesquisar? 20 ago. 2018. Disponível em: <https://noticias.reclameaqui.com.br/noticias/reclame-aqui-voce-usa-o-site-para-reclamar-ou-pesquisar_3434/>. Acesso em: 4 jul. 2019.

______. *Agora o ReclameAqui tem mediação on-line?* Vamos entender. [s.d.]. Disponível em: <https://blog.reclameaqui.com.br/reclameaqui-tem-mediacao-online/>. Acesso em: 4 jul. 2019.

RESNIK, Michael D. *Mathematics as a science of patterns*. Nova York: Oxford University Press, 1997.

REYES, Maria Soto. Scandals and teen dropoff weren't enough to stop Facebook's growth. *Business Insider*, 26 abr. 2019. Disponível em: <www.businessinsider.com/facebook-grew-monthly-average--users-in-q1-2019-4>. Acesso em: 3 ago. 2019.

RULE, Colin. *Online dispute resolution for business*: B2B, e-commerce, consumer, employment, insurance, and other commercial conflicts. São Francisco, CA: Jossey-Bass, 2002.

SAIBA mais sobre como dirigir com a Uber e veja quais carros são aceitos. *UberBlog*, 14 set. 2018. Disponível em: <www.uber.com/pt-BR/blog/uber-carros-aceitos/>. Acesso em: 29 maio 2019.

SANDEFUR, Rebecca L. et al. *Legal tech for non-lawyers*: report of the survey of US legal technologies. 2019. Disponível em: <www.americanbarfoundation.org/uploads/cms/documents/report_us_digital_legal_tech_for_nonlawyers.pdf>. Acesso em: 24 jun. 2019.

SCHMIDT-KESSEN, Maria José; NOGUEIRA, Rafaela; GAMITO, Marta Cantero. *Success or failure?* Effectiveness of consumer ODR platforms in Brazil and in the EU. Copenhagen Business School, CBS LAW Research Paper n. 17-19, abr. 2019.

SHAVELL, Steven. *Economic analysis of litigation and the legal process*. NBER Working Paper n. 9697, Cambridge, MA, 2003. Disponível em: <http://www.nber.org/papers/w9697>. Acesso em: 26 nov. 2018.

SUSSKIND, Richard. *Tomorrow's lawyers*: an introduction to your future. Oxford: Oxford University Press, 2013.

_______. *Tomorrow's lawyers*: an introduction to your future. 2. ed. Oxford: Oxford University Press, 2017.

THE LAW SOCIETY. *Lawtech adoption research*. 2019. Disponível em: <www.lawsociety.org.uk/support-services/research-trends/lawtech-adoption-report/>. Acesso em: 18 abr. 2019.

TYLER TECHNOLOGIES. *Modria*: a total Tyler solution. [s.d.]. Disponível em: <www.tylertech.com/Products/Modria/Modria-Feature--Comparison-Chart.pdf>. Acesso em: 24 maio 2019.

UBER. Saiba mais sobre como dirigir com a Uber e veja quais carros são aceitos. *UberBlog*, 14 set. 2018. Disponível em: <https://www.uber.com/pt-BR/blog/uber-carros-aceitos/>. Acesso em: 21 abr. 2019.

VAN ZELST, B. *The end of justice(s)*: perspectives and thoughts on automation in dispute resolution. Maastricht: Maastricht University Publishing Platform, 2018. cap. 2. Disponível em: <https://cris.maastrichtuniversity.nl/portal/files/26667700/Oratie_Zelst.pdf>. Acesso em: 24 maio 2019.

VIOLA, Alexandre. Por que deixei um escritório em que era sócio para criar uma startup. *Jota*, 14 ago. 2018. Disponível em: <www.jota.info/carreira/por-que-deixei-um-escritorio-em-que-era-socio-para-criar-uma-startup-24082018>. Acesso em: 6 jun. 2019.

WOLKART, Erik Navarro. *Análise econômica do processo civil*: como a economia, o direito e a psicologia podem vencer a tragédia da justiça. São Paulo: Thomson Reuters Brasil, 2019.

YOUNG-POWELL, Abby. More universities are teaching lawtech – but is it just a gimmick? *The Guardian*, 12 abr. 2019. Disponível em: <www.theguardian.com/law/2019/apr/12/more-universities-are-teaching-lawtech-but-is-it-just-a-gimmick>. Acesso em: 21 set. 2019.